非部落民の部落問題

朝治 武・黒川みどり・内田龍史 編

解放出版社

非部落民の部落問題

もくじ

非部落民が部落問題と向き合う

朝治 武

一　非部落民に対する長年の関心

一九五五年七月八日に兵庫の被差別部落（部落）で生まれた私は、高校二年生である一九七二年九月から部落民を名乗って兵庫の部落解放運動に参加することになり、大学生となった一九七五年四月から時には大阪の部落に住みつつ部落解放運動にかかわり、一九八〇年五月から約二年間は神戸の部落に住んで部落解放運動を経験し、一九八二年八月から現在まで大阪人権博物館に勤務し続け、奈良で居住するに至っている［朝治武 二〇二二b］。部落民を自認する私にとって、部落解放の主体は部落民であるという認識が一貫している。部落解放運動のなかで私が出会った部落民の多くは、部落解放への意欲と情熱に燃える尊敬に値する人物であったが、嫌悪感を抱かずにはいられないほど部落解放と逆行していると感じられる数少ない部落民に出会ったのも事実である。

同時に私は部落解放運動のなかで、自らの課題として部落問題と向き合っているだけに敬意を払わざるを得ない非部落民の多くと出会ったが、失望させる結果となってしまう一部の非部落民がいたのも確かである。結局のところ部落民も非部落民も同じく人間であるから、人間としての評価は人格と個性を基準にすべきであると考え、とりわけ人間としての誠実さと謙虚さを重視している。しかし、こと部落問題にかかわっては部落解放の主体は部落民であると認識しているからこそ、自らを含めて部落民に対しては自《おの》ずと評価が厳しくなり、あえて部落問題に向き合っていると感じられる非部落民に対する評価は、概して好意的になってしまう私的な傾向を感じている。なおここで「部落民」という用語を選択して使用するのは、これまで「部落でない人びと」「部落外の人びと」、さらに「一般の人びと」などが使用されることが多かったが、自称としても使用されている「部落民」に対応して、積極的な意味を付与しようとする意図にもとづいている。

私の部落解放運動との関係は、全国水平社創立七〇周年を迎えた一九九二年から近現代部落史研究、とりわけ水平運動史研究へと本格的に立ち向かわせ、それは部落民を主体とした部落解放への思想と行動の軌跡を検討させるものになった。その根底に置かれたのは自らをも投影させた部落民としての主体形成という問題意識であり、それは今日的には部落民アイデンティティと深く関係していた［朝治武 二〇一三］［朝治武 二〇一五］［朝治武 二〇一八］。そして部落民アイデンティティを強く意識し始めてから、部落民とは表裏一体の関係にあると思われる非部落民という存在に対する関心にも及んでいくことになった［朝治武 二〇一六］［朝治武 二〇一七］。つまり部落問題の歴史に自己としての部落民を読み込むだけでなく、他者としての非部落民をも読み込んでいこうとする、いわば部落問題をめぐる自己認識と他者認識との関係性の重視につながっていったのである。

そもそも私が部落解放の主体は部落民であるという認識を持ったのは、現実の部落解放運動が主として部落民によって担われているという事実とともに、一九二二年三月三日の全国水平社創立において採択された綱領の第一項「特殊部落民は部落民自身の行動によつて絶対の解放を期す」と、宣言の冒頭にある「全国に散在する吾が特殊部落民よ団結せよ」に代表される、部落民自身の団結による部落解放の実現という基本原則からであった。しかし現実には部落問題にかかわっている非部落民が多く存在し、また綱領の第三項「吾等は人間性の原理に覚醒し人類最高の完成に向つて突進す」と、宣言の最後にある「人の世に熱あれ、人間に光あれ」に象徴される、部落民と非部落民との区別を超えた部落解放という展望も、部落問題に向き合う非部落民が部落解放に果たす役割への関心を喚起するものとなった。

二　非部落民という存在の特徴

部落民と非部落民という用語を無限定に使ってきたが、ここで一定の説明が必要であろう。近世身分制のもとでのかわた・長吏《ちょうり》身分（「穢多」身分）と血縁的につながるだけでなく、居住空間としての部落に生まれ育つことによって部落差別を受ける、もしくは受ける可能性が極めて高い現実的存在の部落民衆に対して、部落民衆のなかから部落差別に抗して部落解放を自覚的に意識して行動する理念的存在を部落民であると考えている。これに対して部落民衆でない現実的存在は非部落民衆と呼べるものであり、部落民に対応して非部落民衆のなかで部落差別に抗して部落解放を自覚的に意識した理念的存在は非部落民といえよう。その意味からして部落民衆と部落民だけでなく非部落民衆と非部落民も部落問題に先行して存在するものではなく、近世身分制に遠因を持ちながらも近代社会で再編された社会問題としての部落問題［朝治武 二〇二二a］を前提として、結果として成立している存在であることはいうまでもない。

非部落民衆と非部落民という存在に関しては、とりわけ一九五〇年代後半からの高度経済成長を画期とする部落問題をめぐる大きな歴史的変貌をふまえる必要がある。部落民衆が部落から流出するのに対して多くの非部落民衆が部落に流入し、また部落民衆と非部落民衆との結婚が急激に進んだことである。これによって部落民衆と非部落民衆との線引きは徐々に流動化し、その境界は相対的なものになってきているといえる。つまり部落での居住と部落民衆との結婚によって、非部落民衆のなかには部落民衆と同様の生活と意識を持つようになり、当然に部落解放を自覚的に意識して自己形成を図ろうとする非部落民が生み出されていくことになってきたのである。さらにいえば部落での居住と部落民衆との結婚と関係した非部落民衆は、部落民衆の生活と意識に近いという意味において準部落民衆といえるかもしれないし、また準部落民衆のなかで部落解放を自覚的に意識して自己形成を図った存在を準部落民と見なすことも可能であろう。

そもそも非部落民への注目に関しては、近代における部落解放の主体をめぐる歴史的な把握が必要となってくる。一八九〇年代からの部落改善運動と一九一〇年代からの融和運動には、多くの非部落民がかかわることになった。しかし全国水平社が創立されると、非部落民が加わる部落改善運動と融和運動は概して恩恵的であると否定的に認識されるようになり、部落民自身による自主解放が強調されながらも非部落民を中心とする労働組合などとの連帯が進められるようになった。つまり部落民自身による部落解放運動を基本としながら、非部落民は部落解放運動に対する協力者という位置づけが与えられていったのである。

しかし一九五〇年代後半から部落解放運動の急激な発展を契機として部落問題に対する社会的関心が高まり、また一九六五年の同和対策審議会答申では部落問題の解決は「国民的課題」とされ、さらに一九七〇年代から狭山闘争を軸として労働組合や民主団体との共同闘争が発展してくると、部落解放の主体を部落民のみに限定する認識は現実と齟齬《そご》をきたすようになり、明確には公言されないものの非部落民を主体とする団体の組織的な役割は徐々に大きくなっていった。そして今日では部落解放運動と連携する労働組合、企業、宗教団体などの横断的組織が結成され、部落問題に向き合う非部落民による自主的かつ市民的な運動が広がりを見せるようになっている。

三　非部落民が部落問題に向き合う契機

私が初めて部落解放運動に参加した頃に部落問題に向き合う非部落民に出会ったが、その誠実かつ真摯な態度に尊敬の念さえ抱いたものの、本来的に非部落民は差別に加担する可能性がある存在であり、ましてや殊更に部落問題と向き合う必然性がないのではないかと考えていた。この考えが現在でも完全に払拭《ふっしょく》されたわけではないが、部落民が部落問題に向き合っているのは私自身では必ずしも自明ではなく、逆に非部落民であるからこそ自覚的に部落問題に向き合っている場合があるのではないかとさえ思えるようになってきた。もし部落に生まれ育った私が部落民として主体形成しなかったならば、果たして部落問題に向き合っていなかったのではないかという疑念を、いまだに拭い去ることができない。

非部落民が部落問題に向き合う場合、その契機と形態は多様である。第一は、部落での居住や部落民衆との結婚、部落の伝統的な仕事に従事する場合である。これらは自らが被差別の立場に転化する可能性によって部落民と同様の意識と認識を獲得することになり、結果として自らの課題として部落問題に向き合うことになっているようである。第二は、職業や社会活動などを通じて部落問題に直面し、自らの重要な課題として部落問題に向き合う場合である。それは行政関係者、教育関係者、企業関係者、法曹関係者、社会運動関係者らであり、概して差別事件との遭遇を契機とすることが多く、部落問題との直接的な関係が切れても関係を続ける者が少なくないのも事実である。第三は、部落問題に関する研究者と表現に携わるジャーナリスト、作家、出版関係者、映画関係者らである。この場合には積極的に部落問題にかかわろうとする目的意識性が強く、テーマの重要性から自らの生涯的な課題として部落問題に向き合う者も少なくない。第四は、部落解放運動への直接的な参加と職業的な活動家への転身の場合である。これは学生運動の高揚ともかかわって私が青春期に出会った一九七〇年代に顕著であり、なかには部落問題に向き合うという だけでなく、部落解放運動の指導者となる者が登場することにもなった。いずれにしても非部落民が部落問題に向き合うについては、部落問題が部落差別を基本とした社会問題であるかぎり、そこには容易に言葉では表現することができない葛藤や逡巡《しゅんじゅん》などがあったことはいうまでもないであろう。

このような非部落民が部落問題に向き合うには、非部落民の個人的な動機が関係していたように思われる。非部落民が部落問題と意識的に向き合うためには、部落差別の厳しさと部落民衆の過酷な生活状況を認識する必要があることはいうまでもない。しかしより重要なことは、非部落民が自身のなかに部落差別と類似する、もしくは共通する社会的困難を抱え、部落解放の実現が自らの社会的困難を克服することにつながると認識したがゆえに、部落問題と意識的に向き合うことになったのであろう。また非部落民が部落問題と向き合うには、それ自体に矛盾を内包する自由、平等、友愛、民主主義、人権など西洋的な傾向が顕著な普遍化する価値から部落問題の解決を重視する者が多く、一九八〇年代終わりにソ連が崩壊するまでは部落解放を社会主義的展望に位置づける者も少なくなかった。

非部落民も元はといえば非部落民衆であるかぎり、部落差別に加担する危険性を捨てきれないだけに、部落問題に対する自らの意識と認識を問い直す必要が生じてくる。この問い直しを徹底しようとすれば、ごく私的な来歴にかかわる個人的な領域を超えて部落問題を存在させている近現代日本社会と結びついた社会的な領域まで検討することに至らざるを得ない。部落問題に関する個人的な領域は社会的な領域と深くつながっているだけに、自らと社会とを関連づけて問い直すことは、非部落民だけでなく部落民においても是非とも重要な課題であろう。非部落民が部落問題に対して主体的に向き合うことに一定の論理が存在するとすれば、それは多様性と矛盾を抱えつつも非部落民の心性であると評価されることによって、部落民の心性であると評価される部落民アイデンティティと対比して、まさしく非部落民アイデンティティと呼べる可能性があるかもしれない。

四　部落民と非部落民との協働

しかし考えるべき重要なことは、部落差別が客観的に存在することと部落差別を主観的に認識することとの区別と関係であろう。まず問われるのは、部落差別の不当性や部落問題を解決すべき社会問題と認識するのは、部落差別を受けて痛苦をもたらされている部落民であった。逆にいえば部落差別は客観的に存在しているとしても、部落民が部落差別を不当なものと認識していなければ、本来的に部落差別は存在していないということになろう。その際に重要なことは、部落民が明確に部落差別として認識していないまでも、部落差別の具体的な内容である侮蔑、排除、迫害、格差などを克服すべき課題として認識していたかどうかである。

また部落民が部落差別を不当なものとして認識するには、社会生活における自らの位置を前提としていた。部落民が部落内で生活するかぎりにおいては、直接的な部落差別を受け、それを感じることは稀《まれ》であった。仕事を求めて部落から出て、また学校や軍隊など社会生活の重要な場面で非部落民衆と接触することによって、部落民は否応なく部落差別を受けることになった。また部落民といえども社会生活を営むかぎりは近代的規範にもとづいて教育、仕事、恋愛、結婚など自らの願望や目的を達成して社会進出を図ろうとしたが、その自らの願望や目的への意欲が強ければ強いほど、自らに襲いかかってくる部落差別は容易に抗し難い桎梏《しっこく》として意識された。とくに高等教育を受けたか同等の学力を有する部落民は願望や目的を達成する可能性が高かったため、部落差別を重圧として強く認識せざるを得なかった。

部落民とともに非部落民をも部落問題において正当に位置づけ、それによって部落解放を展望しようとするのが、私の基本的な立場である。ただ部落解放という土俵のうえでは部落民と非部落民は絶対的な相違ではなく、相対的な相違であると考えている。しかし部落民と非部落民という二項対立は部落問題においては必要でなく、むしろ意識的に二項対立を無効化および止揚することが重要であるという認識も存在している。この背景には、部落差別は本来的に社会的には逸脱的な社会現象であり、部落民と非部落民との間には何らの差異もなく、その差異を強調することは部落民と非部落民との間の疎隔を大きくし、結果として部落解放に逆行し、部落問題の解決を阻害することになるという認識が存在しているのも事実であろう。

ただし留意すべきは、このような二項対立は部落差別とは異なる他の差別問題では基本的に主張されていないことである。部落問題とは歴史性と社会性は異なるが、在日コリアンであれば日本人、女性であれば男性、アイヌ民族であれば和人、障害者であれば健常者など明確な二項対立が成立し、それを一旦は認めたうえで乗り越える模索が続けられている。現実に存在している部落民と非部落民との相対的な相違は単に無効と止揚を表明しただけでは、それが自動的に実現されるわけではない。むしろ私は、部落問題の現実を見極めながら部落民と非部落民を一旦は区別して互いの独自的な役割を明確にしつつ、共通する課題に対して部落民と非部落民の協働を徹底させることによってこそ、結果として二項対立が無効化および止揚《しよう》化されていくのではないかと考えている。これは、いわゆる戦略的本質主義と呼ばれる立場であろう。

いうまでもなく部落問題は近現代日本社会における社会問題の重要な一つであり、その解決は非部落民衆の部落民衆に対する差別的な言動と意識を改めるだけでなく、部落問題を存在させている日本社会の変革をも必要とするものである。したがって部落解放という課題は日本社会全体の問題であるだけに、圧倒的少数者である部落民だけの自主的な行動によっては不可能であり、圧倒的多数者の立場にある非部落民が部落問題に向き合うにあたっての理解と努力が重要な鍵を握っているといえよう。

その意味では部落民自身の行動による自主解放は基本であり続けているが、部落解放を展望した場合は非部落民の多様な部落問題への向き合い方も部落解放における一つの主体として評価することが可能であろう。つまり問われているのは、部落民と非部落民の量的な広がりと質的な高まり、そして個人的かつ組織的な部落民と非部落民との日本社会の変革のための協働、これらこそが部落解放の重要な鍵を握っているように思えてならない。したがって部落民アイデンティティを考えることが部落解放の内包的深化に関係していたとすれば、ひるがえって非部落民が部落問題に向き合う意味を考えること、つまり非部落民アイデンティティも射程に入れることは、部落解放の外延的拡大に関係することに他ならないと考えている。

五　「わが内なる差別観念」の「革命」

残念ながら私が一度も会う機会に恵まれなかった、井上清さん（一九一三〜二〇〇一）の『部落の歴史と解放理論』（田畑書店、一九六九年）に収録された「わが内なる差別観念克服のために――日共の矢田教育差別事件批判」にある、次の文章を読んでいただきたい。

差別観念が社会意識として普遍的に存在する、ということは、この文章を書いている私にも、またこれを読んでくれているあなたにも、差別観念があるということである。いいかえれば、私は、そしてあなたも、客観的には部落の人にたいする加害者であるということである。むろん私たちは差別は不当であることを知っており、また差別の社会的階級的根源も知っており、差別をなくするためにそれぞれ努力し、部落解放を願うだけでなく、そのためにいくらかでも力をささげているつもりである。すくなくとも差別的な言動をしたりすることは、まずないつもりである。それにもかかわらず、部落の外に生まれた私たちは、客観的には依然として部落にたいする加害者であるという社会的立場におかれている。

井上さんといえばマルクス・レーニン主義を基本的立場とする戦後歴史学の立場から、近現代日本史と部落問題との関係にアプローチしたとのイメージが強い歴史研究者と思われがちであるが、こと部落問題と向き合うにあたっては自らの内面を正直に語っているとの印象を受ける。『部落の歴史と解放理論』を大学生のときに貪り読んだ記憶は鮮明であるが、そのときの関心は主として部落問題の歴史と部落解放理論にあり、この文章には必ずしも注目しているわけではなかった。

周知のように、一九六九年三月に起こった矢田教育差別事件は教員による差別事件を契機としつつ、部落解放同盟と日本共産党の対立を激化させたという政治的な文脈において語られることが多かったが、この側面に井上さんは関心を示しつつも、むしろ「差別観念が社会意識として普遍的に存在する」ということが自己を含めて非部落民に投げかける意味を考えようとした。それは、「私たちが部落に対する加害者であり、しかもそうであることによって私たち自身も差別の被害者であることを自覚するのは、私たちの内にひそむ差別観念を克服する上に、決定的に重大なことである」と述べていることからもうかがい知ることができる。

また井上さんの「部落問題と労働者階級―現代における部落差別の本質と形態」は、早くに『部落』第一三六号（一九六一年五月）に発表され、のちに『部落の歴史と解放理論』に収録された記念碑的な論稿である。ここで井上さんは、「資本主義的な身分制をつくりだしたり、労働者をできるだけ低賃金と悪条件にとどめておく、そのために今日の独占資本が人民に加えるさまざまの形の差別と圧迫が、古い時代からの身分的差別の遺制とむすびつき一体となり、もっともひどく、もっとも典型的にあらわれているものが部落問題です」と述べていた。このように井上さんは、封建的身分制と資本主義の両面から部落問題を社会構造的に位置づけてとらえ、労働者階級を主体とする社会主義革命を展望した部落解放理論を展開していた。

しかし矢田教育差別事件に直面した井上さんは、「わが内なる差別観念克服のために」のタイトルに象徴されるように、部落解放同盟の中央執行委員長であった朝田善之助さんが提唱して部落解放同盟が採用する、いわゆる「三つの命題」からの影響を受けて、労働者階級にも蔓延《まんえん》している「差別観念が社会意識として普遍的に存在する」ことに関心を示し、その延長線上に自らが革命の主体としての労働者階級であろうとする社会的な立場と意識を問い直そうとしたのである。

そして井上さんは結論として、「わが内なる帝国主義、わが内なる差別観念、わが内なる帝国主義民族意識をえぐり出し、それを克服する、すなわちわれわれ自身をも革命の対象とするとき、はじめてわれわれは社会を革命する主体として成長することができるのである」との文章で結んでいる。これは「わが内なる」という内面的省察による自己変革につながる象徴的な表現の多用からも察せられるように、高度経済成長の絶頂期である一九六〇年代後半からの大学闘争における全共闘運動を支持した井上さんにとって、労働者階級の差別観念をも「革命」の対象にしようとする、独自の強烈な問題意識を如実に表現したものであった。

六　差別を支える中流層の「自己変革」

私が折にふれて対話する機会に恵まれた、ひろたまさき（廣田昌希、一九三四〜二〇二〇）さんによる『差別からみる日本の歴史』（解放出版社、二〇〇八年）の「あとがき」から、次の文章を紹介することにしよう。

私個人の差別との関係を振り返るのは、むずかしくて苦痛が伴います。いま七十余年の人生を振り返るなかで、差別された場面は稀にありましたが、差別した場面のほうがずっと数多いといわざるをえません。といっても、自分で差別しようと思って差別したことはないのであって、そのほとんどは後から振り返って、あれは人を深く傷つけることになった差別行為ではなかったかと反省し後悔に悩むものでした。それ以上に差別行為とは自覚できぬまま現在にいたっている場合のほうが多いにちがいありません。そういう個人的な選択しうる範囲内の問題が何よりも個人的には人格の欠損を示すものとして深刻なことでしたが、とともに、さらに、意識しようとしまいと、日本社会の中流層に位置する私という存在自体が差別を支えているという問題があります。

ひろたさんは近代における民衆の思想と主体形成を明らかにしようとする民衆思想史研究の旗手として知られていたが、それは部落問題をも射程に収めたものであり、その研究に私も触発を受けてきた。このような認識に至る経過を、ひろたさんは「あとがき」の別の箇所において、次のように述懐している。

一九七五年に「啓蒙思想と文明開化」（岩波講座『日本歴史』近代1）で民衆意識の三層構造論を提示したのは、民衆自身も差別者になるということ、私自身も差別者の位置にあることの歴史的確認作業となりましたが、私が初めて書いた部落史の研究、「美作血税一揆に関する若干の問題」（『文明開化と民衆意識』一九八〇年所収）は、権力批判をする民衆自身が差別者にもなるという不幸のメカニズムを解こうとしたものです。これらは、権力や資本の分裂策動を重視し民衆を免罪してきたそれまでの研究に対しての批判であり、さらにまた差別された者が差別するという視点を提示することでもあったと思います。それはおそらく当時の本来一つに協力しあうべき人たちが対立する状況への疑問と反発があったことと関係しているのでしょう。

一九九一年のソ連崩壊によって変革構想としての社会主義的展望への関心と期待が後退し、世界的なグローバル化の急激な進行によって経済的かつ社会的な矛盾が激化しつつ、市民社会が極限的な状態にまで成熟することになった。これにともなって政治や経済、社会などを変革する新たな構想を模索するため、かつての労働者階級に代わって圧倒的大多数を占めることになった民衆、とりわけ中流層による新たな運動の社会的な役割とネットワークが重視されることになった。しかし現実には、一九六〇年代から部落解放運動の内部には分岐と対抗が生み出され、さらには分裂に至るという深刻な事態に陥っていた。このような錯綜《さくそう》した新しい状況が、二〇〇八年のひろたさんをして差別を克服するために、中流層の存在と意識を新たに解明するという課題に立ち向かうことの重要性を認識させたのであろう。

そしてひろたさんは結論として、「自分は差別者であり、そこから容易に脱することはできない、しかし脱しなければならないという思いは、差別の歴史を考える際の最も重要なモティーフでした。おそらく差別された人たちの苦痛や不利益について私が実情を十分に見てきたとはとても言えないでしょう。差別者としてどれだけ自分を対象化できるかということも問題を残すでしょう。それらのことで時として絶望的にさせられることもありますが、しかし、生きているかぎりは少しでも差別による原罪を償い、差別を克服する努力をするしかないのです」と述べ、さらに具体的には「中流層こそが自己変革すべきだ」と主張したのである。

七　「非部落民の部落問題」の可能性

この世から去ってしまった井上清さんとひろたまさきさんという二人の人物は、向き合った時期における思想的潮流および歴史研究の対象と方法において大きく異なるものの、部落問題を自己の置かれた立場との関係において対象化しようとした真摯な姿勢では共通し、この意味において歴史研究者としては稀有《けう》な存在であったといえよう。奇《く》しくも井上さんが「加害者」、ひろたさんが「差別者」と自己規定したように、ともに二人は差別との関係において自らを包み隠さず素直に自省し、「加害者」もしくは「差別者」と見なす自己を自らの力で克服するため、歴史研究という分野において差別に向き合う独自の課題を発信しようとした誠実さに、私は最大級の敬意を払わざるを得ない。

この二人とは内容と形式こそ異なるものの、私も井上さんとひろたさんが表明したのと同様の自省的な認識に至った経験を持っている。かつて大阪人権博物館での仕事の関係からアイヌ民族と話し合う機会が多かったが、私は自らがアイヌ民族からは隣人を意味するシャモもしくは和人、つまり歴史的経過から意識しようとしまいと非アイヌ民族として、アイヌ民族に対して「加害者」もしくは「差別者」になる可能性を有する非アイヌ民族であることを痛感することが多かった。とはいえ自らが非アイヌ民族であるから、アイヌ民族に対する差別において何も主張できず、また何らの役割を果たすことができないとの認識を有しているわけではない。

近代日本国家が北海道を国内植民地とすることによってアイヌ民族の土地や生業、文化などを奪い、これによってシャモもしくは和人がアイヌ民族に対して過酷な差別を強いてきた歴史的経過を自らが部落民であることに照らし合わせ、非アイヌ民族であるとの認識と自覚を徹底的に掘り下げてアイヌ民族と対話することによって、アイヌ民族に対する差別に対して共同しながら立ち向かっていくことが可能であると考えている。この私の認識と行動は、非部落民が部落問題と向き合うときと同様に、これまでから私が女性、在日コリアン、障害者、性的少数者、ハンセン病回復者などに対する差別を軸とした諸問題と向き合う際にも、基本的に貫かれてきたことはいうまでもない。

さらに述べると、部落民衆および部落民であっても自省的な姿勢もしくは態度を貫くことができなければ、部落差別において「加害者」もしくは「差別者」であることから免れる保証があるわけではない。部落民衆および部落民のなかには、部落の状況や部落民衆の立ち振る舞いなどにおける否定的と自らが考える側面に部落差別の原因と責任を求め、これを自らは克服したという前提に立って、ことさら否定的に公言する者がいないわけではない。この行為は部落差別と部落問題を社会的に解決しようとするものではなく、社会の部落と部落民衆に対する差別的な視線を内面化させて、部落と部落民衆を悪の権化《ごんげ》へと仕立て上げて自らとは明確に峻別《しゅんべつ》する、まさに部落差別における「加害者」もしくは「差別者」の姿といえるだけに、部落に生まれ育った私も陥る危険性がないとはいい切れないので、決して無縁ではあり得ないことも十分に自覚している。

私は部落史研究を本格的に開始した当初から自らが部落民であることを率直に表明し、これを前提とした水平運動史研究を軸とする近現代部落史研究を意識的に追求してきた。しかし部落史研究においては部落民であろうが非部落民であろうが、概して自らが部落問題に対して如何なる位置にあるのかを明かすことなく恰《あたか》も透明人間かのごとく振る舞い、研究の客観性を担保するという名目のもとに、自らという存在を意識的に除外して高踏的に評価を下す傾向が多いように思われる。

しかし部落民であろうが非部落民であろうが部落問題に向き合っているかぎり、何らかの逡巡や苦悩などが存在していないということは考えられない。したがって部落史研究によって生み出された著作を注意深く読むと、著者自らが意識していようが意識していまいが、その問題意識や課題、視点、対象、方法、評価などに関する記述から、何らかの部落問題に向き合う位置と姿勢らしきものが強弱こそあるもののうかがい知ることができる場合には、大きな示唆を受けることが少なくない。部落史研究を含めて部落問題研究に限定すると、部落民であろうが非部落民であろうが問われているのは、部落問題に向き合う自らの位置と姿勢を明確にしつつ、自らが抱く部落解放の展望を射程に入れながら、自己に固有な独自の課題を如何に設定するかであろう。

本稿は、あくまでも自らが部落民であることを自覚した私の認識と経験から類推して、非部落民が部落問題に向き合うという問題意識の可能性を考えようとした試論に過ぎない。したがって共編者と各執筆者とは、認識において必ずしも共通しているわけではないので、当然のことながら私個人の見解として受けとめていただきたい。しかし本稿が本書の問題意識を論じたものとして、「非部落民の部落問題」という今後の部落問題において重要になるであろう課題を深めるために参考となればと密かに期待している。

　そもそも本書は、二〇一七年九月の『部落解放』第七四六号において特集された「非部落民の部落問題」に端を発し、そこでは問題意識を論じた私の論説［朝治武 二〇一七］とともに、非部落民として中江兆民（八箇亮仁）、堺利彦（福家崇洋）、吉村清太郎（井岡康時）、磯村英一（内田龍史）が対象とされた。そして本書の企画は、全国水平社創立一〇〇周年を記念した『講座 近現代の部落問題』全三巻（解放出版社、二〇二二年）の編集と並行して二〇一九年の秋から始まり、対象となる人物と執筆者の選定については、黒川みどりさんと内田龍史さん、編集実務を担う松原圭さんと何度も議論を重ねることになった。

　結果的には本書の対象となった非部落民は一一人に過ぎないが、その生年月日の順に配列された各論説からは、近現代日本を生きた時期のみならず職業や社会的立場などを異にするものの、それぞれ自分なりの観点から部落問題と真摯に向き合うことになったことが容易にうかがうことができよう。しかし当初の企画では非部落民の女性が入っていたものの、結果として執筆者との関係から脱落してしまったことは誠に遺憾であり、重要な課題として残すことになったといえよう。なお文体については議論があったものの、結論的には執筆者の意向を尊重したことを了解されたい。また本書の趣旨から執筆には、必ずしも明示しないが部落民と非部落民の双方が参加しているのも、大きな特徴の一つであろう。

そうであるがゆえに本書によって、さしあたりは部落民もしくは非部落民であることを問わず、読む者をして自らが歩んできた来歴を自省しながら、部落問題に対する独自の向き合い方を考える機会となれば、これに勝る喜びはない。

参考文献

朝治武「部落差別と部落民アイデンティティ」（畑中敏之・朝治武・内田龍史編『差別とアイデンティティ』阿吽社、二〇一三年）
朝治武「魅惑的に錯乱させる部落民アイデンティティ―『差別とアイデンティティ』の書評に触発されて―」（『紀要』第六号〈和歌山人権研究所〉、二〇一五年八月）
朝治武「非部落民の部落問題」（『奈良人権部落解放研究所紀要』第三四号、二〇一六年三月）
朝治武「「非部落民の部落問題」の意義と射程」（『部落解放』第七四六号、二〇一七年九月）
朝治武「部落民アイデンティティの意義と射程」（朝治武・谷元昭信・寺木伸明・友永健三編『部落解放論の最前線―多角的な視点からの展開』解放出版社、二〇一八年）
朝治武「近代の部落問題」（朝治武・黒川みどり・内田龍史編『近代の部落問題』〈講座 近現代の部落問題 第一巻〉、解放出版社、二〇二二年）a
朝治武「懐かしき部落民宣言の回顧」（『ひょうご部落解放』第一八二号、二〇二一年三月）b

中江兆民――自由・平等思想の深化

なかえ ちょうみん（一八四七～一九〇一）

八箇亮仁

一　中江兆民を取り上げる理由

本稿では主として中江兆民が部落問題とどのようにかかわったのかを検討し、さらに兆民継承者たちの対応も含めて彼らがどのような課題を提起しているかについて考えてみたい。

兆民を取り上げた第一の理由は、大阪における兆民と被差別部落住民（部落、部落民）のかかわりについて従来の理解に疑問を感じるからである。従来の兆民と西浜住民に関する評価では、兆民の「新民世界」論は評価されるものの、双方の関係は結果的に好ましいものであったとは理解されておらず、兆民の衆議院議員選挙支持も住民が彼の名声を利用したものであり、議員辞職後は兆民から離反し、関係も途切れたように理解されている（白石正明「中江兆民と『東雲』時代」『部落解放研究』第一二号、一九七八年二月）。従来の理解が正しいのであれば、彼の部落問題に関する意義は、なかば結論が出ているといえる。

しかし、兆民が大阪を去って五年後の一八九五年、卜部豊次郎は、『商業資料』（『摂津役人村文書』二三五頁）で西浜町長や町会議員らを取り上げ、「これ等は皆な自由主義を執れる人なりといふ、……中江兆民が彼等に甘迎せられしも亦故ある哉」と、西浜の名望家層が兆民を慕っていたことを記している。事実はどうだったのか、再検討が必要であろう。

兆民を取り上げた第二の理由は、彼に幸徳秋水《こうとくしゅうすい》（一八七一～一九一一）や前田三遊《さんゆう》（一八六九～一九二三）ら後継者がいたことである。彼らも部落問題にかかわっており、とくに前田三遊は、三好伊平次（一八七三～一九六九）と親密に交流して大日本同胞融和会の創立を支え、さらに一九二一年三月に創設された融和団体「広島県共鳴会」の「宣言」を起草している。そこで前田三遊の思想にもふれ、部落解放運動に資する新たな課題の浮上を期待してみたいのである。

兆民や継承者を取り上げた第三の理由は、私自身の漠然とした問題意識に対する一つの応答例を彼らの姿勢のなかに探ってみたいと思うからである。それは非部落民にとっての部落問題という課題に直結するものではないかもしれないが、近現代の部落問題を理解する際に問われる当事者性や他者性、差別問題の関係性とどう向き合い、どのように整理すればよいのかというようなものである。兆民が「新民」を提示したとき、それは部落民・非部落民の関係、「他者」関係をどう組み込んで理解されていたのか、また兆民は妻が部落民とみなされたことをどのように受けとめて行動していたのか、文

中江兆民

章には残されていないが私なりにそのような問いを持ちながら兆民と継承者たちに対面したいのである。

二　森清五郎との同志的出会いと「新民世界」論

自由民権運動の理論家とも哲学者とも理解されている中江兆民は、なぜ部落問題に取り組んだのであろうか。彼の本格的取り組みを一八八八年二月の「新民世界」（『東雲新聞』）執筆からと理解すると、大阪の旧渡辺村（西浜）住民、とくに大同団結運動を担う森清五郎

らとの同志的な出会いが決定的な契機であり理由であったと考えられる。兆民は一八八七年末、大同団結運動に対する弾圧法令である保安条例によって東京を追われ、来阪するが、彼を迎えた旧自由党活動家や壮士たちのなかに西浜住民もおり、『東雲新聞』主筆となってわずか一カ月後の二月一四日と二五日に、「新民世界」を発表しているからである。兆民にとって、この「新民世界」執筆は、大同団結運動をともに担うなかで、おそらく森ら西浜住民が担う部落問題が自身の新たな思想的課題となったことを示すものであった。

そこで差別撤廃思想の一つの源流的存在とみなされているこの「新民世界」について、まず彼の文章がやや特異な形式をとっていることに注目してみたい。非部落民である中江兆民が、「渡辺村　大円居士」の立場でこの文章を書いている点である。兆民はなぜ部落民の立場をとろうとしたのか、またなぜその名称が「大円居士」なのであろうか。

この文章は、部落民に示された常識的な部落解放論ではない。見方によれば、差別・被差別関係における差別者としての当事者性を逸脱した文章である。しかし被差別者の立場を仮定することで差別者である非部落民、自己を問う文章であることも事実である。読者に部落民も想定されているとはいえ、自らを部落民の立場に置き非部落民である兆民に問いかける、いわば自問自答の文章ともいえるであろう。「新民世界」は次のように述べている。

公等記者達は平民的の旨義を執りて貴族的の旨義を攻撃する者なり、余輩は新民的の旨義を執りて平民的の旨義を攻撃する者なり。……。平民とは貴族に対するの語なり、是れ公等眼界中猶ほ貴族なる意象有るなり、新民とは旧民に対するの語なり、卑々屈々自由を奪はれ権理を褫はれ、……憤発することを知らざりし旧時の民に対するの語なり。始無く終無く、縁無く辺無く、……、上下無限歳、縦横無限里、混々茫々たる一大円塊こそ是れ我が新民の世界なり。(「新民世界(一)」、一八八八年)

この「新民世界」論が興味深いのは、近世以来の身分制を思わせる貴族と平民という階層的抑圧関係にふれつつも、次元を異にする「旧民」と「新民」という関係を対置し、部落民を含む民衆に彼らの権利・自由を奪われていた旧時の社会に気づかせ、その解消に立ち向かう「新民」を提示する文章となっていることであろう。これが「大円居士」の文章であるという以上、明示されていないとはいえ、旧時の社会が差別社会であることも前提されている。したがって、そのような差別―被差別関係の解消をも担う新民の「一大円塊」の世界こそ「新民世界」であり、「大円居士」はその住人ということになる。

このような文章構造に注目すれば、「新民世界」論は日本社会のあり方を問い直す文章であるとともに、暗示的ではあるが、そこに部落民や非部落民の新民としての自己変革と結集も含まれていることが見えてくる。一八八九年の帝国憲法制定、翌年の帝国議会開設を控えてそれを担う国民形成が問われている当時、兆民は自らと同志たちに差別撤廃の姿勢を含めて時代に立ち向かう姿勢を問いかけたともいえるのである。

しかし、この文章は理念的差別撤廃論ともいえ、後述する西浜町内におけるキリスト教排撃問題も関係していたのか、自らの主張を「新民的宗教」だと筆をすべらせてしまう。これに対する反省もあったのだろう。彼は再度「新民世界」に取り組んでおり、一一日後の再論「新民世界」では、「不充分なる論理の陳列場」である差別の「習慣世界」（「新民世界（二）」、一八八八年）、つまり「同一社会中の同一人類を忌嫌」する現実的な差別の壁に目が向けられていく。そして注目すべきは、兆民が「真の平等」追究を表明したことである。

嗚呼平等は天地の公道なり人事の正理なり、公等何ぞ彼の盲唖に等しき習慣の束縛を脱すること能はざるや公等未だ自家心性の束縛すら脱すること能はざるに於ては何に由りて真の平等に進入するを得ん哉（「新民世界（二）」、一八八八年）

兆民はあらためて差別問題の根深さに気づき、「真の平等」という表現で部落民・非部落民の関係性を直視し始めたのである。国家との法的権利・義務関係における「平等」だけでなく社会的平等も射程に入れた表現だったのであろう。翌一八八九年六月、森清五郎ら西浜住民は「平等会」を設立するが、この命名は、兆民の「新民世界」再論と無関係ではなかったであろう。とすればこの「平等会」は、差別されないという主張を含んでいたといえるであろう。

三　大同団結運動と西浜

兆民と森清五郎ら西浜住民の活動を考えるとき、西浜における一八八八年一一月の公道会と一八八九年六月の「平等会」の設立がまず注目される。これら二つの会設立は大同団結運動への誘導という側面もあったが、公道会設立の直接的な背景としては、前年から町内で発生していたキリスト教排撃問題があり、住民の慰撫《いぶ》・啓蒙《けいもう》をともなう護教団体として生まれたものであった。

そしてこの趣意書を書いたのが兆民であった。その内容は、「公道会を興し、力を竭して邪教を排し、……世に処しては道徳の正を履み、……、世を離れては生を浄刹に得て無量の快楽を享受する」(「公道会趣意書」、一八八八年)という常識的なものであったが、キリスト教「邪教」視は、兆民への批判を招くものであった。また「公道会」の命名は、「新民世界」

再論における「平等は天地の公道」にもとづくと考えられるが、五カ条の誓文の第四条目、「旧来ノ陋習ヲ破リ天地ノ公道ニ基クヘシ」にも通じるだけに、天皇権威を借りたキリスト教批判と受け取られかねない表現でもあっただろう。

このように兆民の趣意書は問題を残したものの、公道会の設置を通例の部落改善活動と同一視することは間違っている。公道会設立の同月、兆民は『国会論』を著して国会の権限如何を論じており、公道会の仏教演説会等は住民宥和《ゆうわ》に向けた活動だけでなく、当時の社会状況へも開かれた活動であったからである。一八八九年二月には公道会主催で憲法発布祝賀会を催し、中江兆民らを招いている。また同年九月には奈良・和歌山の水害被害救済のために毎夜仏教演説会を開いて義捐《ぎえん》金を集めている。それは部落の窮迫化に対処する改善団体というより国会開設や国民的自覚を視野に入れた社会啓発団体ともいえる会であった。

一方、「平等会」の設立は、一八八九年の大同団結運動の高揚と分裂、西浜住民の兆民支持を象徴する団体であった。六月の「平等会」設立に先立つ三月下旬、新聞『日本』によれば、兆民は、東成・住吉両郡の有志者から衆議院選への出馬を要請され、西成郡有志からの勧誘には「新平民の代議士とあれば何時にても承知」(「兆民居士亦国会議員の候補に就て」、一八八九年)と応えている。「平等会」の設立動向が報じられたのは五月一日であったが、設立されたのは、五月一〇日の東京で開催された大同団結派大会の分裂を経た、六月一五日であった。東京の大会には森清五郎らも参加したが、分裂に落胆した兆民が、大会後森らを板垣退助・後藤象二郎に面会させ、森らの前で二人を罵倒したことは有名である。

このような経過を見ると、「平等会」の設立は、森らを中心とする住民が、兆民を通して国政という方向からも差別撤廃の宿志を実現しようとしたものであったといえよう。ただ、七月には板垣の土佐派へも配慮した「西浜倶楽部」が設置され、住民に政治的亀裂が持ち込まれたまま、一八九〇年の衆議院議院選挙と国会開設をむかえるのである。

一八九〇年に入り、中江兆民の大同団結志向と土佐派の関係は悪化していくが、西浜住民を含む府民の大勢は兆民を支持していた。森清五郎らは、兆民の志向に呼応するように、二月には「西浜町懇親会」を開催し、土佐派の寺田寛も招きながら、中江兆民の議員推挙を決定、さらに、西成郡難波、木津などの有志とともに「南摂同志会」を設立し、三月には、そこでも中江兆民の衆議院選出を決定する。こうして七月、兆民は一三五二票（二人目の当選者は七八九票）という圧倒的得票数で衆議院議員に選ばれ、そしてよく知られているように、同年末から始まった第一回帝国議会の予算審議における土佐派の裏切りに絶望し、一八九一年二月、『立憲自由新聞』に「無血虫の陳列場」の一文を発表し、議員辞職届を提出したのである。

大同団結運動の実質的分裂以降、当然西浜住民のなかにも亀裂が入っていたから、兆民の議員辞職でそれが表面化したことは事実である。しかし、西浜住民の大多数は暗黙のうちに兆民の行動を許容したように思われる。その端的な例が、議会閉会後の三月一八日に実施された衆議院議員補欠選挙の結果である。当選者は大阪朝日新聞社の村山龍平（六五五票）であったが、土佐派「大阪自由倶楽部」の推す寺田寛の獲得した票は一七七票、第四位で完敗であった。

しかも同日、森秀次への差別文書が豊島郡の各村役場に配布され、府会議員選の活動を妨害されて落選するという事件が発生する。この事件は兆民支持派と考えられる非部落民が絡む複雑な事件であったから、この事件でも「平等会」と土佐派「西浜倶楽部」の相違が表面化する。事件は、「西浜倶楽部」が解決の主導権を握ろうとしたためもあって長引き、最終的には西成郡長の斡旋《あっせん》で差別文書発送者が「平等会」に謝罪状を出すことで和解が成立するのである。土佐派に接近する部落民は西浜住民の総意を反映しているとはみなされなかったのである。

四　中江兆民と西浜住民が残したもの

西浜住民は、一八七九年に大阪市部から外されて以来、市部編入を希望しながら住民の結集と町政の刷新を図っていた。兆民とのかかわりは大同団結運動を通じて、公道会と「平等会」の設置がその主なものであったが、それらの活動の特色は、「新民世界」論を反映し、しかも当時の大同団結運動に開かれ、同志的な連携を持っていたということだろう。曾根崎に寓居《ぐうきょ》した兆民が、活動を同じくする同世代の森清五郎（森が一歳年下か同年齢）らに出会ったことは、衆議院議員選勝利までの兆民と西浜住民の活動をほぼ決定づけたといえよう。彼らは大同団結運動を担い、大日本帝国憲法・帝国議会の構築という近代国家形成の視野のなかで差別撤廃を模索していたのである。

たしかに、兆民が議員を辞職し、西浜住民の期待に添えず、表立った関係が途切れたことは、差別撤廃運動挫折の早い事例と見ることもできる。しかし、その後も西浜住民が兆民を慕っていたことは事実と思われるし、彼らが経済的に成長し、一八九七年の大阪市第一次市域拡張において市部編入を果たしたことは事実である。

では、彼らの活動はどのような課題を残したであろうか。新民論と部落民の結集という二点から考えてみたい。

中江兆民の「新民世界」論は、自由・平等原理にもとづき、「部落民」・「非部落民」に差別に立ち向かう「新民」として自己変革を迫るものであり、近代国家形成の担い手という双方の同志的信頼を前提とするものであった。ただ、部落民と非部落民という問題関心から見れば、兆民の姿勢は非部落民という他者性を明確にした差別問題への応答というより、両者の「同一人類」性を前提に「新民」として差別社会に立ち向かおうとする啓蒙色の濃い主張であったといえよう。自らを「大円居士」と想定するものの、「新民」理念に寄りかかる自己の社会的他者性の自覚が希薄ともいえる。

「新民世界」論がこのように理解できるとすれば、それは部落民自身の結集を当然視するものの、非部落民・差別者としての現実的他者性を突きつめる論点は希薄であったといえるだろう。したがって、兆民が一九〇一年に没し、森清五郎が、生・没年不明ながらも、「此の土地の土になる」（『荊冠の友』第七六号、一九七二年一一月）という部落民を自覚する言葉を残して歴史を終えたとき、兆民と部落民森清五郎は新民を理念とする同志的生き方にも幕をおろしたのである。

五　前田三遊と「新民世界」論のゆくえ

ただ、中江兆民の「新民世界」論は、彼一代では完結しなかったように思われる。兆民没後、彼の「新民世界」論に遺著の『一年有半』や『続一年有半』(ともに一九〇一年)の主張も取り入れて、非部落民の立場から差別問題と苦闘する人物が登場する。それが前田三遊(一八六九〜一九二三、本名貞次郎)であった。三遊は、兆民の仏学塾に通い、「新民世界」発表時には『東雲新聞』社員であった。三遊の思想をたどっていくと、兆民の啓蒙的姿勢を経て非部落民として部落問題の解消に没頭していく姿が見えてくる。

彼が、兆民の「新民世界」論や遺著に影響を受けていることは、一九〇三年二月、『中央公論』に発表された「天下の新平民諸君に檄す」(天野卓郎編『前田三遊論集』世界文庫、一九六九年)にうかがえる。彼はそこで兆民との関係を吐露し、部落民に向かって「卿等は其新なるを恥づること勿れ、卿等は其真ならざるを恥ぢよと」訴え、人としてのあり方を問うていた。しかもこの「真ならざるを恥ぢよ」という表現は、兆民の『一年有半』に登場する「無爵無位の真人」にも通じていたと考えられる。なぜなら、同年四月の「新平民団結の必要」(『中央公論』)では、「真人たらんことを期す」)とも述べているからである。

このような三遊の主張で重要なことは、兆民同様、「部落民」・「非部落民」両者を貫く、しかも自己変革をともなう人間のあり方として、「真」を前提している点であろう。彼は、明治維新が主として士族の手になったのに対し、「第二の革新は、旧平民が主力たるべく」、その一員として、つまり兆民のいう新民、三遊のいう「真」なる人間として、部落民も「自尊自重して、革新の急先鋒たらんこと」を希望している。

ただ注意すべきは、三遊の「真」への注目は、兆民の「新民世界」論と相違して、自らの立場性を自覚的に非部落民の側に置いている点である。したがって、三遊の主張は部落民へ「真」を期待する構図を維持しているが、兆民を回想しながら「是時に当りて、大いに交はる可きは、唯それ新平民あるのみ」と、部落民と交流する自らの姿勢のあり方をも示していた。兆民の「新民世界」論が部落民の側から非部落民の旧弊を指摘し、一種理想世界を構想していたとすれば、三遊の姿勢は、「新民」や「真人」の理念性を保持しつつも、現実問題としての部落問題や部落民とかかわり、彼らの自覚と団結を期待していたといえよう。

彼がこの「新平民団結の必要」を発表した背景には、前年一九〇二年八月、三好伊平次らによって創立された「備作平民会」の情報を得たことや、同年に重大な三つの差別事件が発生したことがあっただろう。つまり、和歌山県における西本願寺布教師の差別発言、帝国議会における尾崎行雄の差別発言、広島控訴院での部落出身者の離婚を認める差別判決が発生したことである。三遊は自身非部落民の差別性に気づかざるを得なかったであろう。

このような状況を背景に、三遊は三月にも「県下の新平民諸君に告ぐ」(『芸備日日新聞』、以下『芸備日日』)を発表し、三好伊平次からの書簡を紹介しつつ、岡山同様、広島県下にも運動体をつくることを訴えている。またこの年、一九〇三年七月に開催された大日本同胞融和大会を支援するものの、非部落民のあり方を考慮してか、一二月の「再び天下の新平民諸君に檄す」(『中央公論』)では、総裁に華族や博士を想定していると批判している。

大日本同胞融和会は、その後自然消滅してしまうが、三遊の部落問題への姿勢は継続されている。一九〇四年二月には、日露開戦のなか、幸徳秋水らに「新平民をどうする」(週刊『平民新聞』第一五号)と問いかけ、戦争の帰趨が見えてきた一九〇五年六月には、「挙国一致と新平民」(『近畿評論』)で、戦時において「同心一体」が要求されたのであれば、平時においても同様に取り扱われるべきと論じ、一九〇六年一月の「新年と新平民」(『近畿評論』)でも、「革新の児となり来れ」と激励している。

他方幸徳秋水らは、一九〇三年一一月、週刊『平民新聞』創刊号で「最も神聖なる者」を示し、第五号に「新民世界」を掲載して彼等なりに兆民から継承した次のような思想を表明した。

平民、新平民、彼らは権勢に依らず、黄金に依らず、門地に依らず、唯だ人として立つ、唯だ社会の人として立つ、是れ我同胞中の最も神聖なる者也、平民新聞は深く彼等を敬愛す。（労働運動史研究会編『明治社会主義史料集』別冊三、明治文献資料刊行会、一九六二年）

ここでは、平民、新平民が「社会の人」、「神聖なる者」と主張されている。しかし、幸徳らは、両者の間に厳存する差別問題が社会主義とは位相の異なる独自の問題であるとは提示していない。

これに対し三遊は、以後も『芸備日日』記者、ジャーナリストとして広島県下への啓発を含め部落問題解決に深く関与していった。一九〇七年六月、五月の大火を契機に広島市福島町に一致協会が創設されるが、三遊がそれを支援し顧問に就任したこと、一九二一年三月に結成された広島県共鳴会の宣言を起草し、幹事として加わったことはその最たるものであったといえよう。

六　前田三遊の評価問題と同胞相愛

ところで、このような三遊の評論活動や改善・融和運動へのかかわりにもかかわらず、日露戦争期以後の三遊の活動は、兆民思想の継承として評価されるというより、水平社創立の歴史的意義を前提に批判的に評価されてきたといえよう。たとえば、戦後における部落史研究の先駆けともいうべき『部落の歴史と解放運動』（部落問題研究所、一九五四年）は、次のように評価している。

しかしながら、前田の説く解放理論は団結をいうのみで、その具体的な方法についてては……抽象的なもので、部落民大衆に明瞭な目標を指し示すことができなかった、……従つてその運動は部落の単なる改善運動か、一般社会に対する啓蒙運動に終らざるをえず、全体としては融和運動の方向へ進む結果となつたのである。（前掲）

たしかに、三遊は三好伊平次に対し社会主義から離れることを助言し、一九一二年、明治末年の文章「階級制度」では、「すべての階級の人々を陛下の赤児たらしめたい」と述べ、また部落民の「海外に移民」することも主張している。彼の姿は、以後一九一八年の米騒動期までの活動を見ても、一国内での差別撤廃をめざす、一人の改善家といえよう。そのような立場から、彼は福島町一致協会とかかわり、青年に問いかけ、奨学金制度や改善施設を提案し、主に『芸備日日』紙上に改善に関する啓発文章を多く発表している。

では三遊の思想と活動は、兆民のそれから逸脱したと結論づけられるのだろうか。たしかに明治末期から大正初期の時点ではそのような評価も可能であろう。しかしこの時期、三遊はおそらく兆民の遺著を再読しながら改善事業にかかわり、部落民の自覚と団結を求めて苦闘しており、三遊独自の人権論ともいうべき「同胞相愛」論への過程でもがいていたのではないだろうか。天野卓郎（一九六八年）や朝治武（二〇〇六年）の仕事はそのような三遊に注目している。

たとえば、一九一六年一一月、『芸備日日』に発表された「平等と差別」は三遊の日常をよくあらわしている。三遊は部落民有志と懇談し、世間の差別に対し、部落民自身も「差別見」を持っているのではないかと言い、「自他平等であり得るならば、初めて他の社会の人々に対しても、其の差別見を去れよ、と言ひ得るのである」とし、浄土真宗の回向文、「願以此功徳　平等施一切　同発菩提心　往生安楽国」（願わくばこの功徳を以て　平等に一切に施し　同じく菩提心を発して　安楽国に往生せん）を「改善進歩の菩提心」と結びつけて説いている。三遊が部落民の「差別見」に言及することは、彼らに三遊自身が自らの「差別見」に向き合おうとしていることが了解されているということであろう。

たしかにこの時期の三遊は、「至純至愛」「一致融和」（「部落改善は何よりも献身的なるを要す」）など抽象的な言葉を使用している。しかしこれらは非部落民三遊が部落問題と葛藤し、その解消を模索する語であったとも見るべきであろう。だから他方で、三遊は一九一七年に友愛会広島支部の結成にもかかわり、一九一八年には、米騒動に先立って「平民的意気」（「梟首された吉左」『芸備日日』）、「平民的気魄」（「山県武一と其平民的気魄」『尚古』）など、義民への姿勢を表明するといえよう。

こうした苦闘を経て、一九一九年、三遊は世間的な「部落改善」を明確に批判するようになる。七月の「満地荊棘」（『民族と歴史』第二巻一号）では、海外移民を含む改善政策を批判していたし、一一月の「可憐の人々」（『芸備日日』）では、「想ふに所謂部落改善は、区々たる形式的改善ではない。精神的抱擁をなし遂ぐるに至らねば、駄目である」、「私は、どうか其手段が、飽迄穏健であつて、部落外の人々との融和が、逐次円満になし遂げられる様、希望して已まぬものである」と、自らの立場を宣言する。

ここにいう「融和」が兆民継承者としての表現でもあったことは、一九二一年三月に結成された広島県共鳴会の「宣言」に見ることができる。「宣言」は次のように述べている。

凡そ生を人間に禀くる者は、皆斉しく均等の人格を認められざるべからず、然も因習の久しき、尚往々人格を無視し、他を遇するに、奴隷人を以てする者あり……、萬人一様に、尊貴なる存在たることは、何人も否定すべからざる所、蓋し各人の存在は、之を縦にしては億万劫に亘りて、唯一人あるのみ、之を横にしては千萬里に彌りて、唯一人あるのみ、……、爾く尊貴にして、爾く短命なる者、何ぞ自卑自屈に安んじて他の侮辱を甘受し漫りに屈従すべけんや。……、乃ち我等同志は茲に人道の大義に基き、同胞相愛を高唱し、以て社会共存の真義と、国民一家の名実とを全うせんとす。（読点等追加、中央融和事業協会編刊『融和事業年鑑』大正一五年版）

ここには、部落民・非部落民を前提にした人格無視の差別に対し、「萬人一様に、尊貴なる存在」を対置し、「同胞相愛」「社会共存」の世界を構想する姿勢が明確に示されている。と同時に、「尊貴なる存在」が、「之を縦にしては億万劫に亘りて、唯一人あるのみ」とされている点は、兆民の『続一年有半』における自己規定ともいうべき「虚無海上一虚舟」を個々の人格重視の視点からとらえ直した人間像のように思われる。

兆民は『一年有半』で「始無く終無く、縁無く辺無く、……、上下無限歳、縦横無限里」

として新民世界の「一大円塊」を提示したが、『続一年有半』では、兆民は同様の表現を用いながら自らのあり方を「身を時と空間の真中《無始無終無辺無限の物の真中有りとせば》において」、無物、無神、無精魂の哲学者としての姿勢を示していたからである。これを裏づけるように、三遊は同年一一月の「部落改善から同胞相愛へ」（『民族と歴史』第六巻五号）でも「無始無終」表現を使用している。

三遊の兆民思想継承を以上のようにとらえることができるとすれば、三遊の部落解放論は、「国民一家」の現実性をふまえつつも、「人道の大義」にもとづく姿勢を維持して部落民の自覚と団結を図り、同時に部落民同様に真人をめざす非部落民との「社会共存」をめざすものであり、人間・非部落民が人間・部落民と融和する大正期融和思想における一つの革新性を模索・提示していたと見ることができる。ただ、「社会共存」をめざす三遊の主張が師兆民と異なっていたのは、兆民の「一大円塊」が新民の理念的共同体であったのに対し、三遊のそれは、部落民・非部落民各人の人格尊重を前提としつつ、非部落民と自覚することとは差別者としての生き方を問い直すこととして、現実葛藤過程で部落民の団結と「社会共存」をめざした点であろう。

ところで最後になったが、中江兆民が当時の公娼制度を容認していたことはよく知られている。また前田三遊が優生思想を脱していなかったことも指摘されている（秦重雄論文）。

彼らの主張がこのような問題点を抱えていたことを確認するとともに私自身の問題としても共有し、今後の課題としたい。

付記　本稿は「自由民権から「真の平等」を追求―中江兆民」（『部落解放』第七四六号、解放出版社、二〇一七年九月）に前田三遊論を加えて補訂したものである。

参考文献

朝治武「『破戒』に現れた「我は穢多なり」という思想の歴史的意味」（大阪人権博物館編『島崎藤村『破戒』一〇〇年』二〇〇六年九月）
天野卓郎「部落解放運動と前田三遊」（『部落問題研究』第二三輯、一九六八年一〇月）
白石正明「中江兆民と『東雲』時代」（『部落解放研究』第一二号、一九七八年二月）
白石正明「兆民の出会った被差別民たち」（『中江兆民全集』第一一巻、「月報8」、岩波書店、一九八四年）
中江篤介『中江兆民全集』第一～一七巻、別巻、岩波書店、一九八三～一九八六年
秦重雄「近代の文芸と部落問題」（朝治武・黒川みどり・内田龍史編『戦時・戦後の部落問題』〈講座　近現代日本の部落問題　第二巻〉、解放出版社、二〇二二年）
八箇亮仁『病む社会・国家と被差別部落』解放出版社、二〇一二年

八箇亮仁「中江兆民の思想と「新民」論」（河合文化教育研究所『研究論集』第一二集、二〇一五年五月）

部落問題研究所編刊『部落の歴史と解放運動』一九五四年

堺利彦——社会主義運動から部落問題をとらえる

さかい としひこ（一八七一～一九三三）

福家崇洋

一 はじめに

本章では堺利彦（一八七一～一九三三）を取り上げる。堺は、近代日本における社会主義運動の草分けで、亡くなる昭和戦前期まで運動を支え続けた重鎮だった。

戦前の日本において、社会主義者は政府から弾圧されて、自由な言論や運動が制限されていた。しかし、そうした厳しい状況下でも、社会主義者は、社会で虐げられている人びとの境遇を改善するために活動した。

では、彼らは、被差別部落（部落）の人びとが抱えた問題をどのようにとらえ、彼らとどのように向き合おうとしたのだろうか。本論では堺利彦に焦点をあてて考えてみたい。

二　堺利彦とはいかなる人物か

堺は、明治三年一一月二五日（新暦一八七一年一月一五日）に豊前国仲津郡（現在の福岡県京都郡）に士族の三男として生まれた。第一高等中学校を中退後、一八九九年に『万朝報』へ入社すると、次第に社会主義に傾倒した。

日露戦争前に『万朝報』が主戦論に転換すると、堺は非戦論にもとづいて同僚の内村鑑《かん》三《ぞう》、幸徳《こうとく》秋水《しゅうすい》と退社して、平民社を設けた。ここから、幸徳らとともに『平民新聞』などの機関紙を創刊して、社会主義の啓蒙《けいもう》に努めた。

あわせて堺は、同志と日本社会党を結成し、即日結社禁止の弾圧を受けつつも、運動を進めた。一九〇八年の赤旗事件では入獄させられたが、そのために、現在ではえん罪で知られる大逆事件による社会主義者弾圧をのがれている。

この事件によって社会主義者の活動はさらに制限され、いわゆる「冬の時代」を迎えた。しかし、厚い雪のもとでも、堺は『へちまの花』『新社会』発行などの啓蒙運動を細々と続けた。少し雪解けが進むと、彼は普通選挙の実現に向けて尽力する。堺自身も衆議院議員選挙に立候補するなど、合法的な政治活動に取り組んだ。

大正時代に入ると社会運動や労働運動が興隆し、社会主義の思想と運動に対する社会の理解が進んだ。こうしたなかで堺は、社会主義者たちの大同団結の試みとなる日本社会主義同盟に参加した。

一九二〇年代初頭には日本の社会主義者と第三インターナショナル（コミンテルン）との連絡が生まれ、第一次日本共産党が結党されると、堺は国際幹事・総務幹事を務めた。しかし、堺も拘束された第一次共産党事件や、関東大震災を経て、第一次日本共産党は一九二四年に解党した。コミンテルンの指導で再建の動きが強まり、そのための組織である「ビューロー」の活動によって、一九二六年に第二次日本共産党が再建された。けれども、この時期の共産党では「福本イズム」と呼ばれる、大衆運動よりも理論闘争を重視する考え方が広まっていたため、堺は第二次日本共産党に参加することはなかった。

一九二七年に堺は、同じ第一次日本共産党幹部だった山川均、荒畑寒村とともに『労農』を創刊し、労農派として非共産党系マルクス主義運動を推し進めた。一九二〇年代後半は日本でも男子普通選挙が実現し、無産政党議員が誕生した。堺もこの潮流に加わり、一九二八年には鈴木茂三郎らと無産大衆党を結成し、合同してできた日本大衆党から立候補して東京市会議員に当選した。その後も無産政党を支え続け、一九三三年一月二三日に亡くなった。

堺利彦
出典：『堺利彦全集』第1巻、中央公論社、1933年

以上の略歴から明らかなように、「冬の時代」以前の堺の活動は、社会主義や女性・家庭論、非戦論など啓蒙運動が中心だった。これに対し、「冬の時代」以後は、普選運動の実現や議会進出の試み、無産政党とのかかわりなど、政治的実践運動に力点が置かれた。では、こうした活動のなかで、堺は部落問題についてどのように考え、この問題と取り組んだのだろうか。

堺の部落問題への取り組みについては、これまでも研究が蓄積されてきた。たとえば、秋定嘉和氏は、「堺は、身分差別のもつ意味がわからなかったとしかいいようがない」と厳しい評価を下した（『近代日本の水平運動と融和運動』部落解放・人権研究所、二〇〇六年）。堺は身分と階級を統一的に把握することができていなかった、また部落民を労働者や農民を補強する存在としてしか見ておらず、彼ら独自の要求と運動を十分に理解していなかったのではないかというのが秋定氏の見解である。

近年では、小正路淑泰編『堺利彦―初期社会主義の思想圏』（論創社、二〇一六年）など、堺の思想と運動を「初期社会主義」とその延長線上でとらえる新たな試みが登場している。「初期社会主義」とは、一九九〇年代のソ連崩壊前後から登場した分析概念である。共産主義の前史として明治期の社会主義を理解するのではなく、平民社の思想（社会主義・民主主義・平和主義）のような、先駆的で独自の思想的意義を積極的に評価しようとした。

小正路氏は、別稿となる「堺利彦と部落問題―身分・階級・性別の交叉」（『初期社会主義研究』第一一号、一九九八年）で秋定氏らの評価を継承しつつも、アナルコ・サンジカリズムとボルシュエビキ双方にかかわった堺の立ち位置と部落問題への取り組みをいま一度見直そうとした。

筆者は、この小正路論文に多くを学びつつ、堺利彦と明治・大正期の部落問題とのかかわりを当時の文献をひもときながら見ていきたい。

三　堺と部落問題の出会い

堺の幼年・青年時代において、地域で部落差別を問題として認識し、その変革をもとめる運動はほとんど形成されていなかった。堺は年端を重ねるなかで、部落差別を認識するようになったと思われるが、この時期の彼の認識をうかがい知る資料を見出すことはできていない。

第一高等中学校を中退したあと、大阪の天王寺高等小学校に赴任した堺は、以前から自由民権運動に共鳴していたこともあって、当時大阪にいた中江兆民の言動に刺激を受けた。中江は、フランスの啓蒙思想家ルソーの紹介や『三酔人経綸問答《さんすいじんけいりんもんどう》』などの著作で知られている自由民権思想家の一人である。彼は、一八九〇年の第一回総選挙に際して、本籍を大阪の部落に移して立候補し、当選を勝ち取った。

堺にとって、この兆民の姿勢は強く印象に残ったようで、次のように回想している。「彼〔中江〕は大阪の穢多村を代表して衆議院に出た。そしてほどなく議院を見限って辞職した。穢多村から出るということがすでにはなはだ奇であるのに、人が玉を得たほどに大切がる代議士の地位を一擲したのがまた奇を窮めている」(「中江兆民と幸徳秋水」一九一二年)。

ここにわずかながら堺の部落問題観を認めることができる。この時期の彼にとって、部落は、自分が住む世界とは一線が引かれた未知の世界に映じていたことがわかる。他方で、その世界に足を進んで踏み入れた兆民の姿勢を好意的に見ていた。

堺がはじめて部落問題を論じたとされるのは、『万朝報』一九〇三年七月二八日付に発表された「人種的反感」である。堺がこの論説を書いた背景には、二日前に大阪で創立総会が開催された大日本同胞融和会(融和会)の存在があった。

一八九〇年代から各地で部落改善運動の組織ができたが、全国的規模の運動組織として結成されたのが融和会である。設立の中心は大阪の中野三憲で、ほかに東京の弾直樹、京都の明石民蔵、和歌山の岡本弥、岡山の三好伊平次らが参加した。中野は泉北郡南王子村の、岡本は伊都郡端場村の村長で、地域の指導的立場にあった人が運動の担い手だった。

融和会のような全国的組織が結成された直接のきっかけは、前年九月の和歌山県有田郡石垣村で起きた西本願寺布教会員の差別発言事件だった。こうした差別への反発があった一方で、一九〇四年二月から始まる日露戦争に向けて主戦論とナショナリズムが高まっていた時期でもあるということに注意を向ける必要がある。

というのも、融和会は「趣意書」のなかで、「同胞」への「融和」や国策としての文明化に沿ったうえで、一部同胞への「弊風陋俗《へいふうろうぞく》」を解消すべきことを訴えたからだ。日露開戦前の軍備強化と国民意識の高揚が背景にあって、「同胞」「融和」や文明化のスローガンが展開されたと考えられる。

では、堺は「人種的反感」において何を述べたのか。本論はまずユダヤ人・黒人への「反感」の紹介から始まる。それに続き、ラテン、チュートン、スラブの各民族がアーリア人種を「形成」して、彼らが「黄人種」に「反感」を持っていることが述べられた。しかし、その「黄人種」に属す中国人、日本人のなかでも排外主義の側面があり、日本国内にもアイヌや「新平民」といった「劣敗人種」への軽蔑があることを堺は問題視した。違和感があるのは、いまでは腑《ふ》分けされている人種、民族、部落民が一緒に考えられたことだ。人種と民族の違いは本論ではひとまず置くとして、ここでは部落民が異なる「人種」だと考えられたことをおさえておきたい。

堺の主張に戻るならば、その要点は、「日本人」が「白人種」からの差別に反発するならば自国の差別をまずもって直視せよという点にあった。彼の論理をより丁寧に追うためにも、同論説の以下の二カ所を引用しよう。

日本人たる者、もし白人の人種的偏見を憎み、その人種的反感に苦しまば、すなわち深く内に省み、わが偏見を去り、わが反感を捨て、真に純潔なる人類同胞の思想をこの日本の地より発生せしめんことを期すべきなり。(「人種的反感」一九〇三年)

しかれども、彼ら〔「劣敗人種」を指す〕もまた日本国民なり。彼らもまた同胞人類なり。彼らに対して一滴同情の涙なき者、あに苦労人というをえんや。(同前)

前者の一文では、「日本人」が被った差別的待遇をきっかけとして内なる差別に気づくことが重要であるという思考が展開されている。けれども、実際は、他者から受けた差別が別の他者への差別に増幅・移譲していくことも考えられる。堺は、差別意識の内省を「日本人」に奨励するにとどまり、社会構造のなかで差別をとらえ、その解決をめざすという方向がほとんど見えていなかったと考えられる。

次に、二つ目の引用を考えるにあたって、まずは梅森直之氏の指摘を振り返っておきたい。梅森氏は、「人種的反感」に見られる堺の怒りについて、平等で対等な関係の構築をめざす「社会主義」の延長線上にありながら、極めて「国民主義」的なものでもあったことを指摘している（「二十世紀の少年からおぢさんへ――堺利彦における「言文一致」・「家庭」・「社会主義」」前掲『堺利彦――初期社会主義の思想圏』）。

上記の引用から、堺も「日本国民」の意識から自由ではなく、一国民として「劣敗人種」という別の「日本国民」に「同情」することにとどまっている部分がある。重要な点は、この「同情」を堺のなかで誘発したのは文明化の論理であったと思われることである。堺は、同論で次のように述べていた。

あるいは四海兄弟と言い、あるいは博愛人道と言う。これ文明社会の思想なり。しかれども、その文明の社会において、ひとたびこの人種的反感を起こす時は、それらの高尚なる思想はたちまちにして消え去り、人はみなことごとくその歯牙を露出して敵に臨み、遺憾なくその野蛮性を発揮して得々たり。はなはだしいかな、人種的反感の人情を破り文明を汚すことや。（前掲「人種的反感」）

つまり、「四海兄弟」「博愛人道」という「文明社会の思想」が本家の西欧社会においてこそ達成していないと堺は述べた。ただし、西欧社会を批判することが直接の目的というよりは、同じ「野蛮性」が日本社会にも見られることを批判した。ここで堺は明らかに、文明化を推し進める側に立っている。融和会の「趣意書」と同じく、この時期の堺も部落問題を国民への「融和」と文明化の論理で乗り越えようとしていた。

四　「誇り」への自覚と「団結」

一九〇三年に『万朝報』を離れた堺は、社会主義運動に取り組むなかで、週刊『平民新聞』や『光』などの新聞、雑誌を公刊した。『平民新聞』には各地の差別事件を取り上げた記事が何件か掲載され、社会主義運動において部落問題が視野に入ってきつつあった（拙稿「初期社会主義と部落問題」朝治武・黒川みどり・内田龍史編『近代の部落問題』〈講座　近現代の部落問

題 第一巻〉解放出版社、二〇二二年)。

堺自身がこの問題を実名で論じるのは、大逆事件を経て、社会主義運動の「冬の時代」に入ってからである。この時代には社会主義者を取り巻く環境はさらに厳しくなったが、それでも堺は一九一五年に雑誌『新社会』を創刊して刊行を続けた。この小雑誌に、堺が初めて真正面から部落問題を論じた記事が小論ながら掲載された。これは和歌山県の細川時次郎という人物の投書に対する返答だった。

細川は、自ら「僕は社会主義者ではないが、細民部落とか、新平民とか云ふ部落の出身」で、中学時代から苦しめられた結果、「我部落民(全国百万人)の弱者を助けたいと思ふて研究して」おり、そのための「高説」を教えてほしいと売文社に依頼してきた(「遠近消息」『新社会』一九一五年一一月号)。

細川の来書に「特殊の感慨」を抱いた堺は、次のように回答した。

我々は固より貧民の党与である、賤民の伴侶である。我々は此の多数なる貧民賤民が、即ち新社会建設の任務を帯びて居る事を確信する者である。我々は最も多く苦しみ、最も深く憤る者に対して、最も大いなる希望を属せざるを得ぬ。従つて『新平民』諸君は我々の最善の友、最親の友であらねばならぬ。我々が諸君を慰めると云ふのは既に僭越である。我々は寧ろ只諸君の提携と協力を切望すべきである。諸君、百万人は実に大数である、百万人が其の両腕を揃へて上ぐれば二百万本である。二百万本の腕を容易に挫き得る敵が何処にあるか。諸君の勉むべき所は何よりも先づ団結である。

諸君、諸君は断じて新平民たるを恥ぢてはならぬ。貧民は貧民たることを誇とし、賤民は賤民たるを誇とし、労働者は労働者たるを誇とし、大工は大工たるを誇とし、鍛治屋は鍛治屋たるを誇とし、土百姓は土百姓たるを誇とし、それが相結んで一大集団を作れば、即ちそこに未来の新社会を建設すべき光栄ある新平民階級が生ずるのである。(「橙黄橘緑―新平民階級」『新社会』一九一五年一一月号)

この応答には、かつてのように、部落民を国民の「同胞」として「同情」的にとらえる視点は見られない。むしろ、運動主体や「友」として共に歩もうとした堺の姿勢が明確となっていて、部落問題に対する堺の認識の深化を認めることができる。

一方で、この認識に問題も存在する。それは、堺が「貧民」と「賤民」を並列にとらえたことである。貧困と歴史的身分差別の解消を同列に論じることはできないはずだ。堺がこのような認識を持ったのは、文明化との関係から両者の問題をとらえていたからではないかと考えられる。文明化が進み、社会主義の世が訪れることで、両者の問題が解決される、そう堺は考えていたのかもしれない。以前述べた、国民への「融和」という論理はもはや前面に出ていないが、もう一方の文明化の論理にはいまだ依拠していた可能性がある。

もうひとつの背景として考えられるのは、この時期に堺が取り組んだ普通選挙運動である。彼は、一九一四年一〇月に始まる雑誌『第三帝国』の普通選挙請願運動や、翌年三月の馬場孤蝶《こちょう》の衆議院選挙立候補を支援し、一九一七年には堺自身が総選挙に立候補した。先の引用文には、文章中に「百万人」という数字が強調されたこと、あわせて諸々の職業の「一大集団」形成が説かれたことから、堺のなかで部落民は政治目標実現の一勢力として省みるに値するという判断が働いていたことが考えられる。

堺は『新社会』で部落問題について持論を展開したあと、時評欄で博多毎日新聞差別記事事件（一九一六年六月）や下苔事件を紹介した。

前者は、博多毎日新聞に掲載された差別記事を糾弾するため部落民が新聞社を襲撃した事件である。後者の事件の舞台は和歌山県本宮村で、同村役場が発行した下苔地区住民の財産証明書に「特殊部落民」と書かれたことに地元青年たちが村長、郡長、県知事へと抗議活動を推し進めた運動を指す。

これらの紹介は、読者に部落問題を伝えるうえで一定の意義を有するものの、堺自身が水平運動に乗り出していったわけではない。あくまでも部落問題の啓蒙に協力するという姿勢にとどまる。

五　共産党の存在と政治主義への傾斜

その後の堺の活動で部落問題とかかわったと考えられるものが、リーフレット『特殊民の解放』（一九二二年二月）の刊行である。全国水平社の結成直前に水平社創立事務所にも送付されたようだ。

リーフレットは無署名だが、朝治武『差別と反逆―平野小剣の生涯』（筑摩書房、二〇一三年）など近年の研究では、平野重吉（小剣）（印刷工で水平社宣言の綱領を起草）と堺利彦の合作という説が有力である。発行所である無産社の中心にいたのが堺で、同書の発行に堺の意向が働いたことも考えられる。

リーフレットの内容を検討して堺の部落問題観を振り返りたいが、現在のところ、堺の関与を裏づける決定的な証拠はなく、堺がどの箇所を書いたのかも確定していない。よって、本論では別の角度から検討してみたい。

本論で注目したいのは、リーフレットが発行された一九二〇年代初頭は、堺が第一次日本共産党結成にかかわる時期だったことである。一九二〇年頃からコミンテルンと日本の社会主義者の接触がはじまり、そのやりとりはモスクワのアルヒーフで公開されたコミンテルン文書からたどることができる。

一九二二年一月からコミンテルンが開催した極東諸民族大会（場所はペテルブルグとモスクワ）に日本から高瀬清、徳田球一、吉田一らが参加した。帰国した高瀬、徳田がモスクワの片山潜に宛てた報告書（一九二二年六月付）には労組、小作組合、「特殊部落」への働きかけとともに、そのための資金が必要だと記されている（富田武・和田春樹編訳『資料集 コミンテルンと日本共産党』岩波書店、二〇一四年）。

また、吉田と徳田のコミンテルン宛報告書（一九二二年六月）にも党員を「「エタ」組織」に送り込んでいるとある（黒川伊織『帝国に抗する社会運動―第一次日本共産党の思想と運動』有志舎、二〇一四年）。

これらの記述は、彼らが結成間もない全国水平社に注目していたことを表している。翌年三月の堺・佐野学から同執行委員会に宛てられた報告にも、党内に「水平部」が設けられ、その任務として「水平運動、すなわち「エタ」の運動の中に浸透すること」とある。さらに、「運動の積極的活動家の中に三名の党員を獲得し、幸先のよいスタートを切った」とあるので、この頃からようやく運動に着手できたということだろう（前掲『資料集 コミンテルンと日本共産党』）。

堺・佐野の報告のなかで気にかかるのが、「浸透」という表現が用いられたことだ。また同月の別の堺らの報告にも「水平運動の革命化」という表現を認めることができる（同前、八二頁）。これは、裏を返せば、水平運動が共産党の運動とは異質で、現状では「革命」的ではないとみなしていたことになる。その理由は記載されていないが、アナーキズムの影響を指すと考えられる。「革命」（すなわち、共産主義革命）が重視されるあまり、水平運動が当初からその意義を減ぜられて日本共産党から把握されていた。

では、堺自身はどのように考えたのか。全国水平社結成後すぐに、堺は「当面の問題 エタの誇り―全国水平社の創設」（『前衛』一九二二年四月号）という論考を発表した。

堺は、全国水平社を「『上から下へ』の温情的特殊民救済運動」とは異なるものだとして、「我々はそれが是非とも新社会建設の急先鋒たる事であらねばならぬと信ずる。社会が回転する時、最下層の者が最上層になり、〔以下ほぼ伏せ字〕」と綴《つづ》る。その第一歩が自ら「誇り」や「自負」を持つことであり、それこそが彼らの運動に光を生じさせると述べた（「当面の問題 エタの誇り」『前衛』一九二二年一〇月号）。この論法は、『新社会』への投書に対する、かつての堺の返信と似ている。当事者の「誇り」を重視する彼の姿勢は、この時期も続いていた。

他方で、ここには、「最下層」と「最上層」という言葉が見られる。後者が何を指すのかは伏せ字でわからないが、天皇や皇族に近いものが想定されていた可能性がある。社会を構造としてとらえたうえで、その上下を反転させようとする堺の論は新たな視点を示している。

ただし、ここに運動論の視点が入り込むと、論調が微妙に変化する。それは「民族運動」として自己規定している全国水平社への違和感ともいうべきものだった。堺は、全国水平社第三回大会に出席したあと、その印象を「水平社大会の印象」として『改造』一九二四年四月号に発表した。そこで、彼は「民族的運動、民族的運動と称しながら、実際には是非とも無産階級運動とならずには居られないものだ」と述べた。

こうした論調から、堺は、「民族的運動」から階級運動へ移行した水平運動が労働運動や農民運動と密接に結びつく未来を見ていたと考えられる。ここには「民族」の強調、アナーキズム特有の政治運動への消極性は、いずれ乗り越えられるはずだという堺の思いがあったことは間違いないだろう。ではなぜ彼らが「民族」にこだわらなければならなかったのかという問いにまで堺は踏み込んでいない。社会運動における「進歩」の観念が堺の思考に織り込まれているがゆえに、「民族的運動」は乗り越えるべき対象としてしか認識されていない。

六　おわりに

以上、堺利彦という「非部落民」が部落問題をどのように認識し、そしてこの問題に取り組んだのかについて論じた。

当初の堺の認識では部落の人びとは別の「人種」として認識され、彼らに対する差別の解消として、国民化と文明化の論理への志向が見られた。つまり、文明化した日本国民になることが部落問題を解消する方法だとされていた。

時代が移り、この考え方に変化が生まれる。国民化の論理が表から退き、部落の人びとの誇りを軸にした団結に、その解決へ至る道筋を見出そうとした。

そのまま堺の主張を受け取るならば、部落の人びとの自治と自由の叫びに耳を傾けようとする姿勢が見られはする。けれども、このような主張をするようになったのは、堺のなかで、部落の人びとを別の「人種」ではなく、同じ「国民」とみなすようになったがゆえであるとも考えることができるかもしれない。

他方で、堺の主張には、部落の人びとの叫びを政治的闘争へ昇華させようとする政治主義の傾向が見て取れる。この傾向は、その後、社会運動の興隆や共産主義運動の広がりとともに強まった。

そうすると、今度は、国民化の論理が、無産者化の論理へと変化した。この変化にはナショナリズム（国民主義）が相対化される一方で、部落の人びとから湧きあがるナショナリズム（民族主義）をも相対化し、彼らを新たに無産者へとカテゴライズして、共産主義運動へ加えていこうとする志向が見られた。

ここには差別とその解消を考えるうえで、マジョリティからマイノリティへのカテゴライズ化と文明化による「融和」という認識が根強く継続していること、その認識を自覚することの難しさが見て取れる。

この点を、今日から、「非部落民」の認識上の限界と見るのは簡単だが、同時に、現代において差別の問題に向き合う私たちがこうした認識に足を掬《すく》われていないかを検証する地点を示してくれているともいえるだろう。

参考文献

秋定嘉和『近代日本の水平運動と融和運動』部落解放・人権研究所、二〇〇六年
朝治武『差別と反逆—平野小剣の生涯』筑摩書房、二〇一三年

川口武彦編『堺利彦全集』第一巻・第五巻、法律文化社、一九七一年
黒川伊織『帝国に抗する社会運動—第一次日本共産党の思想と運動』有志舎、二〇一四年
小正路淑泰「堺利彦と部落問題—身分・階級・性別の交叉」(『初期社会主義研究』第一一号、一九九八年一二月)
小正路淑泰編『堺利彦—初期社会主義の思想圏』論創社、二〇一六年
富田武・和田春樹編訳『資料集 コミンテルンと日本共産党』岩波書店、二〇一四年
福家崇洋「初期社会主義と部落問題」(朝治武・黒川みどり・内田龍史編『近代の部落問題』〈講座 近現代の部落問題 第一巻〉解放出版社、二〇二二年)

喜田貞吉——多民族国家認識と部落問題

きた さだきち（一八七一～一九三九）

井岡康時

一　非部落民とは何か

表題に示されているように、本書は人の世に非部落民というカテゴリーがあることを前提としている。そこで読者に問う。あなたは非部落民か、もしくは非部落民という自己認識を持っているか。この問いはもちろん部落民か、と言い換えても成立する。応とも否とも答えが返ってくるだろうが、そこで次の問い。そのように考える根拠は何か。念のために申し上げておくと、住民票や本籍地の住所がそうだから、という返答は根拠にならない。いつでも、どのようにでも変更可能なのだから。

問うておきながら、このように述べるのは意地が悪いと誹《そし》りを受けるだろうが、非部落民（もしくは部落民）であることを証する客観的な根拠は、おそらく、ない。そのようなものはないにもかかわらず、非部落民（部落民）という自己認識が生じてくるのはなぜか、と問いを立て直す必要がある。

歴史を学んできた者としては、自分が何者かという認識は、その人の属する家族や地域など共同性を持つ集団のあり方にもとづいて構築されると、ひとまずは、考えておきたい。私は非部落民である／ではないという自己認識も、そのようにして生まれてくるはずであるから。

歴史から一例。町村制の施行に向けた準備が急がれていた一八八八年九月二四日、滋賀県知事中井弘は各郡長宛に「旧穢多村景状調査方之件」を達し、管内の部落について、戸数・人口のほかに、「資力」、「沿革」、「営業ノ種類」、「公売処分ノ数」、「他町村トノ関係」、「生活ノ度合」、「公共事務ノ模様」について報告するよう求めた。詳細は［井岡康時 二〇一二］をご覧いただくとして、右の調査のなかの「沿革」に注目してみよう。

滋賀県の被差別部落（部落）数はおおむね七〇と考えられるが、「沿革」には、そのうち七割にあたる四九が移住によって現在地に集落を形成したと記されていた。このうち移住年が記されているものは一五、移住前の居住地が記されているものは一六となる。最多はいずれも不明なもので二七にのぼり、たとえば甲賀郡の一部落について「何年ノ頃何レヨリ移住シタルモノナリヤ相分ラス」、蒲生郡の一部落について「何レヨリ移住セシヤ又其ノ年月当古書類伝ハラサルヲ以テ不詳」とあるように、来歴不分明の村として記述されている。日本社会の農村部に広がる村落の多くは、中世前期に自然発生的に形成された集落（惣《そう》村《そん》）が発展、変容したものと概括できる。そこに住まいする人びとがその地に居住することになった経緯については必ずしも「古書類」が残っているわけではなく、部落以外の多くの村もまた来歴は「不詳」のはずである。にもかかわらず、我らには一点の曇りもないが、彼らは何処かわからぬところから移り住んできた胡乱《うろん》な者たちであるという認識を共有し、一部の地域では部落との合併を頑《かたく》なに拒否したのであった。

右の事例は、地域共同体がくっきりとした輪郭を持ち、民間信仰や呪術的な習俗・慣行がなおまだ生活とともにあった時代の話である。こうした文化が、高度経済成長やグローバル化などによって湮滅《いんめつ》に向かいつつある現代にあっても、非部落民（部落民）認識や、これをもとにした忌避感覚は生き続けているのだろうか。もしなお棲息《せいそく》しているとするなら、その拠《よ》り所とはどのようなものだろうか。そうしたことを問題意識として持ちつつ、二〇世紀前半、つまり維新変革によって近代国家に生まれ変わった国が、さらに植民地を持つ帝国へと変貌をとげた時代に部落問題に真摯に向き合おうとした歴史家、喜田貞吉の足跡をたどってみようと思う。まずはその生涯を確かめ、次に喜田の部落問題認識に関する研究の足跡をたどり、こうした作業をもとに喜田貞吉という歴史家について考察することの現代的意義を述べてみようと思う。

二　喜田貞吉の生涯

喜田貞吉は、旧暦でいうと、明治四（一八七一）年五月二四日、阿波国（同年七月一四日に徳島県が成立）那賀郡櫛淵《くしぶち》村に生を享《う》けた。

櫛淵村とはどのようなところか。地域の状況を『小松島市史』上巻（一九七四年）・中巻（一九八一年）や［田上勝国 二〇〇〇］などから確かめておく。天保郷帳では櫛淵村の石高は一六八四石、このうち一三三四石は徳島藩蔵入地で、残りは一五人の藩士の知行地であったという。隣接して四国八十八箇所霊場第十九番札所立江寺が所在する立江村があり、門前の集落として旅宿や飲食店が多くにぎわいを見せていた。一方、櫛淵村は、なかば町場化した立江村とは対照的に東西に走る山地にはさまれた谷間の平地で主に米作を営む農村であった。一八八九年の町村制施行によって櫛淵・立江両村は合併して行政村立江村が生まれ、櫛淵はその一大字となる。合併前の八八年段階で櫛淵村の人口一二五三人に対して、立江村は倍近い二一五八人の人口を持つ大村であり、こうした村勢の差もあって行政村名が立江村になったと思われる。立江村は一九〇八年に町制を施行して立江町となり、さらに五一年に小松島町に編入、次いで同年のうちに同町が市制を施行して小松島市となったことにより、以後は小松島市櫛淵町と改まって現在に至っている。

櫛淵村には近世中期から好学の文化が育ち、国学者伊勢家を中心としたネットワークが形成されていた。こうした土壌のなかで幕末に出た村の医師樋口健三は、医業とともに敬義塾と名づけた私塾を開いて村民の教育にあたり、一八七三年に櫛淵小学校が設立されると、敬義塾をこれに引き継ぎ自らも教壇に立って、喜田もその薫陶を受けたという。また、喜田が自らの人生を語った「六十年の回顧」〈以下、「回顧」と略記。『喜田貞吉著作集』〈以下、『著作集』と略記〉第一四巻所収による。なお原本は『還暦記念六十年之回顧』として一九三三年刊行〉のなかで、父辰吉が「黒住教の熱心な信者」であったと述べている。こうした環境が喜田に与えた具体的な影響について詳《つまび》らかにすることはできないが、国学や黒住教が思想形成の基盤となっていた可能性については注目しておいてよいだろう。

喜田は部落とどのように出会ったのだろうか。「回顧」では、世の多くの人びとが部落民について「普通民とは種族が違う」と語っていたが、「自分はどうもそうとは考え得なかった。自分の郷里にもその部落があって、少年時代から親しくそれらの人々と接触交際する機会が多かったがためか、直感的にどうもそうとは考え得なかったのである」と述べている。喜田が「少年時代から」「接触交際」していた部落の具体的な集落名などは不明とするしかないが、〔三好昭一郎 一九八〇〕は天明六（一七八六）年の記録に「那賀郡総人口四万五六〇六人のうち、穢多一四九一人、猿牽一二人」があることを記しており、こうした郡内近隣の部落住民と喜田は出会ったのだろう。ほかにも喜田は、後述する個人雑誌『民族と歴史』第七巻第一号（一九二二年）掲載の「学窓日誌」のなかで、「那賀郡の一部」では「結婚の場合にのみ起る「筋」というむずかしい問題がある」と記している。喜田自身は一八八四年に県立徳島中学に入学して徳島城下に移っているため、櫛淵村での生活期間は長くない。「穢多」以外の「猿牽」の人びとなど多様な被差別民や、「筋」のような共有された幻想と、在村していた「少年時代」のうちに遭遇もしくは見聞したか否かについては明らかでないが、こうした生活文化のなかで成長したことは後年の喜田の研究活動を考えるうえで重要であると思われる。

喜田は自らの家について、「回顧」のなかで「小村の一小農」と評しているが、別の箇所では「自分の小学校時代には、両親の丹精ですでに四、五町の田畠を有し、（中略）村でもかなり豊かな部に属していた」とも述べている。一八八四年に徳島中学に入学するが、「中学在学時代自分が父兄から支給を受けた学資は、一カ月金三円」、さらに八八年に第三高等学校（最初は予科補充）に入学すると、「学資もたしか月六、七円を支給」され、九三年に帝国大学文科大学（今の東京大学文学部）に入ると、「郷里の家計も前に比してはやや豊かになったので、学費は三高時代から一躍して、毎月二十円ずつの打切りで父兄から支給」されるようになったと述懐している。豊かとまではいえなかったかもしれないが、経済的には安定した環境のもとで中等・高等教育機関で学ぶことができたといえるだろう。

一八九六年、帝国大学文科大学を卒業すると大学院に進学、私立中学校で教鞭《きょうべん》を執るなどの仕事をしながら、九九年には仲間と日本歴史地理研究会を組織し、機関誌『歴史地理』を発刊して研究活動を展開していった。一九〇三年に国定教科書制度が成立すると、その編纂に従事するようになり、〇八年には教科用図書調査委員会委員となり教科書執筆にたずさわるようになった。ところが、一〇年に教科書執筆内容に関していわゆる南北朝正閏問題が起こると、喜田は責めを負わされ文官分限令により休職となる。

喜田貞吉

一九一三年、京都帝国大学専任講師となり拠点を京都に移して研究を続け、一九年に個人雑誌『民族と歴史』を発刊、途中『社会史研究』と改題しつつ二三年の通巻五〇号で廃刊するまで刊行を続けた。よく知られているように同誌の一九年七月発行第二巻第一号を「特殊部落研究号」、二二年七月発行第八巻第一号を「憑物研究号」とするなど、この時期に喜田の被差別民史研究の主な仕事が産出されることになった。
喜田は一九二〇年から二四年まで京都帝大の教授を務めるが、同年から東北帝大の講師となり、以後は「ほとんど仙台が根拠と言ってもよい有様」(「回顧」)となる。関心はアイヌ民族史やオシラ神信仰に移っていくようになったが、三〇年頃から病気を重ね身体の不調を訴えるようになり、三九年七月三日に六九歳で死去した。

三　喜田貞吉の民族論

喜田は、部落史研究を手がけることになる契機について、「回顧」において次のように述べている。

自分が始めて民族研究に手を染めたのは、明治三十九年末に中田薫君の「アイヌ語神名考」を読んで興味を感じ、翌四十年一月の『史学雑誌』上でこれが批評を試みた時からのことで、その後、さらに同年三月の『歴史地理』第九巻第三号を、「土蜘蛛号」として発行したことであった。しかし自分がこの方面のことに興味を有することになったのは、実は当時すでに多少とも社会の問題となり、これが改善が叫ばれていたいわゆる特殊部落の何ものなるかを、歴史的に調べてみたいという欲望からであった。

右の言によると、喜田は一九〇七年頃から「民族研究」を開始するのだが、その直接の動機は「特殊部落の何ものなるかを、歴史的に調べてみたいという欲望から」であったとする。日本民族の形成史や構造などを知りたいのなら、部落問題以外にもいくつも入口となりそうなテーマはありそうに思えるが、喜田はあえてこの差別問題を選んだ。「民族研究」を進めることと、「特殊部落の何ものなるかを、歴史的に調べ」ることは、喜田にとって同義であったのだ。

喜田だけではなく、二〇世紀初頭の日本の知的世界ではマイノリティへの関心が高まっていた。たとえば柳田国男は一九一一年の「踊の今と昔」（『人類学雑誌』連載）をはじめとして、一三年の「所謂特種部落ノ種類」（『国家学会雑誌』第二七巻第五号）、一四年の「毛坊主考」（『郷土研究』連載）などを著して部落問題探究の姿勢を示した。東京帝大で言語学を学んだ金田一京助は〇六年にはじめて北海道にわたりアイヌ語の調査を開始して、一一年から「樺太アイヌの音韻組織」（『人類学雑誌』連載）などを発表している。マイノリティの当事者からは、沖縄出身で金田一と同じ頃東京帝大で言語学を学んだ伊波普猷《いはふゆう》が、〇六年に帰郷し沖縄県立図書館長を務めながら琉球古謡「おもろさうし」の研究を進め、一一年に『古琉球』（沖縄公論社）を刊行した。※

こうした動向の背景には、日清・日露の二度の対外戦争によって台湾・朝鮮半島などを植民地とし、版図を広げて帝国となった日本の知識層の間に、日本民族とは何か、その由来や構成をいかに説明し得るか、といった問題意識が芽生えてきたことを指摘できるのではないだろうか。小熊英二『単一民族神話の起源――〈日本人〉の自画像の系譜』（新曜社、一九九五年）は、帝国主義化の進行とともに、「日本は古来から、諸民族を一視同仁で混合同化してきた」（同書「結論」）多民族国家であるとの認識が広まったこと、「単一民族神話」は民主化が進行した第二次大戦後の産物であることを明らかにした。維新以来日本の近代化と歩みをともにしてきた明治期末期の人文系知識人たちにとって、「古来から、諸民族を」、どのように「混合同化」して列強に伍《ご》する帝国へと成長してきたかを明らかにすることは、必ずしも統治権力への迎合だけではなく、自らの人生を証すためにも必要な作業であったのではないだろうか。

このようななかで喜田はマイノリティを同化・融合して多民族国家となったとする日本史像を完成させていった。こうした観点に立つと、たとえば一九一〇年の韓国併合も理にかなった正しい判断であったということになる。右小熊著書に収められた〔小熊英二 一九九五〕は、韓国併合に合わせて喜田が著した『韓国の併合と国史』のなかで「列島の先住民族や天皇家の朝鮮系血統、東北アイヌの存在などをあげ、併合は復古であり、辛酸をなめてい た分家の兄弟が暖かい本家にもどったようなものと述べている」ことを指摘している。

こうした視角を部落史・被差別民衆史に用いると、どのような歴史像が描けるか。喜田の部落史研究は異民族起源論を否定したことが最大の功績としてあげられるが、その著作にそくして再現すると、それほど単純ではない。〔関口寛 二〇一八〕も指摘していることだが、一九二一年の「日本民族の成立」(『民族と歴史』第五巻第一~四号連載)を読むと、被差別民は「必ずしも民族上の関係ではありませぬが、併し其の大体に遡って見たならば、やはり民族上の問題に触れて来る」とし、「俗説にエタは帰化人の子孫だとか、非人の或る者は土師部の後裔だといふことがあるのも、満更根もないことゝして棄てゝしまふ訳には参りません」と述べて、自説の根源に異民族起源があることを吐露している。しかし、こうした人びとを同化していく力を日本社会は持っていた。「民族的には彼らの根原がよしや先住民の末であっても、其の同じ仲間で早く農民になった者は、立派に公民になって日本民族構成の一大要素」となっているとし、差別は「落伍したものと、然うでなかったもの」との間に生じたものであると説いた。起源をたどれば異民族かもしれないが、その時代には差別はなく、後世、社会的に落伍していくことにより差別を受けるようになるというのである。こうして部落の異民族起源論に代わる落伍者論が完成することになった。

このように議論を組み立てることによって、「喜田は確実に「近世政治権力創出論」の水先案内の役割を果たした」と〔吉田栄治郎 一九九七〕は指摘する。なぜか。「喜田は（中略）「社会の落伍者」になったがために生じた被差別、すなわち低位性を被差別の根本要因に置くが、低位性の要因にわずかにでも近世政治権力の関与を設定すればたちまち「近世政治権力創出論」に変身できるから」だというのである。この結果、〔のびしょうじ 一九九七〕が述べるように、「高橋貞樹『特殊部落一千年史』（一九二四年）のみならず、多くの水平社同人の部落史理解が喜田のそれを下敷きにして」構成されていくようになった。こうして部落史研究の第一人者として喜田の評価が定まり、融和問題講演会の講師など多くの啓発の場にも登場していくことになる。

四　喜田貞吉の落伍者論

異民族起源論を換骨奪胎して生まれた喜田の落伍者論は水平社運動の指導者たちに受け入れられ、その主体形成を支える役割を果たしたと考えられる。このために全国水平社創立一〇〇年を迎えた今日でも喜田は次のような評価を受けている。たとえば、［藤野豊・黒川みどり 二〇二二］は、「米騒動を機に被差別部落を「特種」とみなす言説が横行するなかで、喜田が歴史学という学問的根拠にもとづいてそれを否定したことは、社会の部落問題認識に与える影響の大きさはもとより、被差別部落のひとびとが差別に立ち向かっていく上にも大きな力を与えたといえよう」とする。また［佐々木政文 二〇二二］は、「被差別部落民の地位は各時代の社会状況のなかで変化しうるとした喜田貞吉の歴史学が、マルクス主義者であった佐野学によって具体的・実践的な運動理論へと組み替えられ、全国水平社の思想を生み出した」と記している。水平社運動という観点から見る限り、右のような積極的役割を果たしたという肯定的評価は正鵠《せいこく》を射ているといえるだろう。

しかし、民族同化と社会的落伍者を基調とする喜田部落史認識に対しては、当初から部落内部でも違和感を持つ人が多かったと見え、抗議や異議が寄せられていた。［朝治武 一九九七］は、「「特殊部落研究号」抗議・削除問題」という興味深い事実を取り上げている。前述のように、一九一九年七月に『民族と歴史』第二巻第一号を「特殊部落研究号」として発刊しているが、ここに土井為一「紀伊の特殊部落」が掲載されていた。その内容は、「豪胆な処は良いが、粗暴で、喧嘩好で、思慮浅く、犯罪行為など頗る多い」と部落の低位性を強調するものであった。これに対して当該の部落から生活状況を悪し様に描いたとして抗議が寄せられたのである。地元の融和運動家岡本弥も入れて話し合いがなされた結果、喜田は「執筆者の軽率」だけではなく、「注意の及ばなかった」自分も「遺憾に堪へぬ」として、編集者としての自らの責任も認めて削除を決定した。

これとは別に喜田は次のような事例もあげている。一九二三年一月四日付の『大阪朝日新聞』京都付録に「みどり生」という人物の手になる「K先生に呈す」と題した投稿があり、このKとは喜田を指したものであるとして、同年二月の『社会史研究』第九巻第二号の「学窓日誌」にその投稿を掲載した（『著作集』一三所収）。その一部を引用してみる。

K先生足下、我が兄弟姉妹の教育の程度が低く、生活状態が劣等であるとは何んですか。何も私達は好んで無教育を望むのではありません。何処に私達を喜び迎へてくれる学校があり、そして教育者がありますか。仮令私達が幾多の辛酸を嘗《な》めて高等教育を受けたとしても、何処に私達を歓迎してくれる官庁があり、そして会社がありますか。只そこには自暴自棄と、死の神が待つてゐるばかりなのです。

（中略）

K先生足下、私は今終りに臨んで一言します。一般の人達が私達を虐げのために用ふる条件は、何れも私達が創造したものでなくして、虐げる人それ自身が造つたものであることを永久に忘れないで下さい。

落伍者論は、社会に対して差別の無根拠を説くために用意されたのだが、部落に対しては自主的な生活改善の努力や社会発展に遅れないための自覚を求める内容も含んでいた。前述のように水平社運動に受け入れられたが、同時に融和運動にも親和的な論理でもあった。右の「K先生」に宛てられた投稿は、低位性の要因を部落にも求め反省を促すような喜田の主張の問題点を突いたものといえるだろう。

民族同化についてはは水平社運動の指導者のなかからも批判の声が上がっていた。［関口寛二〇一八］は和歌山県の部落出身で水平社運動に尽力した栗須七郎が、「祖先の人種や民族の異同は差別の原因ではないと訴えた喜田とは正反対の立場に立ち、人種や民族のアイデンティティを水平運動の核に据えよう」としたという。そして栗須は一九二六年頃から積極的な喜田批判を展開するのだが、この頃から喜田も「部落民の祖先とみなすところの土師部や雑戸、余部、傀儡子などを先住民の末裔とする論を後景に追いやり、部落史研究を日本民族形成史から切り離すことで当初の部落史研究のフレームワークをも組み替えて」いったとしている。

民族同化によって生まれた多民族国家、そうした社会のなかから擯斥《ひんせき》されて登場する落伍者たちという喜田の枠組みは、幾多の矛盾をかかえ批判を浴びることもあったが、融和運動や水平社運動からは一定の歓迎を受け、喜田も根本的には改めないままにその生を終えた。第二次大戦後は、その論が「「近世政治権力創出論」の水先案内の役割を果たした」こともあって、部落史研究の第一人者という評価もしばらくは命脈を保っていた。しかし、二〇世紀の終わりが近づく頃から、統治よりも社会が、中央よりも地域が、法や制度よりも習俗や幻想が歴史研究において重視されるようになると、喜田もしだいに過去の人となっていく。そうした現代にあってなお喜田貞吉という研究者について考えるとするなら、その意義は何か。最後にそうしたことを述べてみたい。

五　喜田貞吉から学ぶこと

喜田は被差別民がまとうケガレ観念については思いをいたしていたが、不浄や汚穢《おわい》といった範疇《はんちゅう》を抜けることはできず、その両義性には理解が及ばぬままに落伍者論に終始することになった。現代の私たちがこのように批判がましいことがいえるのは、喜田死後の歴史学の研究成果を知っており、さらには人類学や社会学・哲学などの諸成果を学んでいるからだ。そうした高みから論評してみても何ほどの益を得ることもできまい。その時代の条件や環境についてあたう限り理解を深め、喜田の達成したこと、し得なかったことについて内在的に把握する努力を続けることが必要であると思う。

小論冒頭で一八八八年実施の滋賀県調査について述べた。そこには部落を来歴不詳の村と見なして忌避する当時の社会意識をうかがうことができた。それからおよそ一三〇年、二一世紀の滋賀県は「人権に関する県民意識調査」を実施して問題の把握に努めている。調査項目のなかに、「家を購入したりマンションを借りたりするなど、住宅を選ぶ際に、価格や立地条件などが希望にあっていても、次のような条件の物件の場合、避けると思いますか」という問いがある。「次のような条件」の一つに「近隣に同和地区がある」があげられており、これに対して、避けると思う、どちらかといえば避けると思う、避けないと思う、どちらかといえば避けないと思う、の四択から一つを回答することになっている。前二者を「避ける」という傾向にあるとして一つにまとめると、その比率は、二〇一一年は四五・八％、一六年は四六・六％、二一年は四三・八％という結果であった。五年ごとの調査に同じ質問を採用しているので、期せずして定点観測となっているが、この一〇年間ほぼ四割半ばで推移していることがわかる。

地域共同体の輪郭がぼやけつつある今日、この四割余の人びとの多くは、おそらく特段の根拠もなく自らを非部落民と見なして「避ける」と回答しているのであろう。こうした部落に対する忌避意識をどのように見ればよいだろうか。根も葉もない浮ついたツイートのようなもので、放置しておいても消滅するという見方もあろう。筆者（井岡）は、感染症や異常気象などの不安のなかで、情報過多の社会を生き抜かなければならない現代人の自己防衛の表現として露《あら》わになった差別意識として軽視すべきではないと考えている。非部落民であることを証する客観的な根拠はどこにもないのだが、であるからなおのこと、想像した「同和地区」を忌避することで、自らの立脚点を明確にしたいという意志が起動するるのではないだろうか。しかし、いずれにせよ、こうしたことの可否を判断する確たる証拠はいまだ把握できておらず、よるべき堅牢《けんろう》な理論も構築されていないように思われる。これが私たちの時代の条件であり環境であろう。なおしばらく霧中を手探りで進むしかない。

［上田正昭 一九七八］所収の「喜田貞吉年譜」や［伊東信雄 一九八二］によると、一九三九年六月頃から喜田の体調は極度に悪化していたが、かねて約束していた同月七日の中央融和事業協会主催の融和問題講演会には出席し四時間にわたって熱弁をふるったという。しかし、公の席に出ることは、これが最後となった。予定していた論文を自宅で脱稿した後、七月三日に息を引き取った。全力で自己の使命を果たそうとした過程での死であった。

※マイノリティの当事者であり、沖縄学の祖ともいわれる伊波普猷を、本土のマジョリティの研究者である喜田貞吉、柳田国男、金田一京助らと同列に扱うことには異論もあろう。しかし、伊佐眞一『伊波普猷批判序説』（影書房、二〇〇七年）が明らかにしたように、沖縄戦にあたって示した強烈な本土への同化志向もまた伊波の一面であった。小論では論じ切れない重層的な課題が伊波研究にはあり、ここでは二〇世紀初頭の民族研究の一事例としてあげるにとどめておく。

参考文献

朝治武「喜田貞吉の部落問題認識」（奈良県部落解放研究所編『民族と歴史―解説・総目次・索引』不二出版、一九九七年）

井岡康時「地域社会と部落問題」（朝治武・黒川みどり・内田龍史編『近代の部落問題』〈講座 近現代日本の部落問題 第一巻〉解放出版社、二〇二二年）

伊東信雄「解説」（『喜田貞吉著作集』第一四巻、平凡社、一九八二年）

上田正昭『喜田貞吉』〈日本民俗文化大系五〉講談社、一九七八年

小熊英二「「差別解消の歴史学」―喜田貞吉」（小熊英二『単一民族神話の起源〈日本人〉の自画像の系譜』新曜社、一九九五年）

佐々木政文「水平社の思想」（山口輝臣・福家崇洋編『思想史講義［大正編］』ちくま新書、二〇二二年）

関口寛「喜田貞吉の「反差別」の歴史学と社会への眼差し」（世界人権問題研究センター編『問いとしての部落問題研究―近現代日本の忌避・排除・包摂』〈人権問題研究叢書一六〉、二〇一八年）
田上勝国「明治期における伝染病対策と村社会―那賀郡立江村・櫛淵村の事例を通して」（『鳴門史学』第一四集、二〇〇〇年）
のびしょうじ「『民族と歴史』の部落史認識」（『民族と歴史―解説・総目次・索引』不二出版、一九九七年）
藤野豊・黒川みどり『人間に光あれ―日本近代史のなかの水平社』六花出版、二〇二二年
三好昭一郎『被差別部落の形成と展開―徳島藩を中心に』柏書房、一九八〇年
吉田栄治郎「喜田貞吉と多様な「特殊民」」（『民族と歴史―解説・総目次・索引』不二出版、一九九七年）
吉田栄治郎「喜田貞吉と部落問題」（四国部落史研究協議会『しこく部落史』第七号、二〇〇五年）
吉田栄治郎「喜田貞吉と部落問題―部落史研究をめぐる諸環境から」（四国部落史研究協議会『しこく部落史』第八号、二〇〇六年）

布施辰治――水平運動の支援に奔走した弁護士

ふせ たつじ（一八八〇～一九五三）

朝治 武

一 弁護士の布施辰治と水平運動

弁護士として著名な布施辰治は、一八八〇年一一月一三日に宮城県牡鹿《おしか》郡蛇田《へびた》村（現在の石巻市）で生まれ、一九五三年九月一三日に七二年の生涯を閉じたように、まさしく近代日本の成立からアジア・太平洋戦争を経て戦後の経済復興に至る激動の時代を生きた。一九〇三年一一月に弁護士になった布施は、民衆の立場にたって多くの裁判を担当し、思想の違いを超えて労働運動、農民運動、水平運動、借家人運動、廃娼運動、無産政党運動などの多様な社会運動を支援した。なかでも関東大震災における朝鮮人虐殺にかかわる調

法衣姿の布施辰治
石巻市博物館所蔵

査や抗議活動などはもちろんのこと、日本の植民地とされていた朝鮮の民衆に対しても支援し、その生活と権利を守るための精力的な活動は特筆すべきものであった。

しかし東京控訴院検事局は一九二九年八月に、日本共産党員一斉検挙（三・一五事件と四・一六事件など）に関する裁判において布施が裁判所を「侮蔑」したとの理由によって起訴し、懲戒裁判所で裁判となって最終的には大審院が一九三二年一一月に布施の弁護士資格を剥奪することを決定した。また一九三三年九月に所属した労農弁護士団が治安維持法に違反したとして布施は検挙され、一九三九年五月の大審院による懲役二年の判決によって、六月二六日には千葉刑務所へ下獄しなければならなかった。

このような厳しい弾圧を経て、アジア・太平洋戦争の終結による一九四五年八月からの戦後においては、国民主権、基本的人権、平和主義という日本国憲法の三原則を擁護することに努め、生涯を閉じるまで再開させて弁護士活動を担いつつ、多くの社会運動にも関係した。そして布施の処世訓は「生きべくんば民衆とともに、死すべくんば民衆のために」であり、これを生涯にわたって貫いたことが広く知られている。

この布施に対して私が関心を抱いたのは、大学生のときに読んだ新書版の布施柑治《かんじ》『ある弁護士の生涯―布施辰治』(岩波書店、一九六三年)によって、布施が水平運動に関係したことを知ってからであり、『全国水平社1922-1942―差別と解放の苦悩』(筑摩書房、二〇〇二年)において、ようやく布施を水平運動の協力者として位置づけた。布施の水平運動に関する著作と談話に関しては、明治大学史資料センター監修『布施辰治著作集』別巻(ゆまに書房、二〇〇八年)に「著作目録」が収録されているが、完全なものとはいえない。また布施が関係した水平運動に関する主要な事件と裁判については、森長英三郎『新編 史談裁判』第三・四巻(日本評論社、一九八四年)において概説され、近年では森正『評伝 布施辰治』(日本評論社、二〇一四年)と同『ある愚直な人道主義者の生涯―弁護士布施辰治の闘い』(旬報社、二〇二二年)においても論じられたが、必ずしも十分なものとはいえない。

布施が弁護士という社会的立場から水平運動に関係した事件と裁判は、大正高等小学校事件、水国争闘事件、徳川家達暗殺未遂事件、世良田《せらだ》村事件、福岡連隊事件、北原泰作天皇直訴事件、高松結婚差別裁判事件など著名な事件などが知られている。そこで本稿では先行研究を踏まえつつ、新たに収集した布施の著作と談話、裁判記録、関係する史料と文献によって、一九二〇年代における布施と水平運動に関する事件と裁判との関係、水平運動に対する認識の独自性を具体的に検討し、非部落民としての布施の部落問題に対する思想と行動の特徴を明らかにするが、これは水平運動と裁判の関係という観点からも重要な意義を有するであろう。なお紙幅の関係から史料の引用は重要な部分のみとし、読みやすさを考慮して新たに句読点を付す。

二　大正高等小学校事件と水国争闘事件

一九〇三年一一月に弁護士となった布施辰治は、一九一三年頃から大正デモクラシー運動の影響を受け、一九二〇年頃から多様な社会運動と社会問題に関係した事件などの裁判において、積極的な弁護士活動を展開するようになった。そして布施が水平運動に関係して初めて裁判を担当したのが、奈良県南葛城《かつらぎ》郡での大正高等小学校事件であった。一九二二年五月一四日、小林部落の児童らが掃除をしていると非部落の児童から「今日はエッタの当番か」という差別発言を受けた。そこで木村京太郎（一九〇二〜一九八八）ら小林水平社が抗議のため校長室に行ったところ、居合わせた村会議員が木村らに暴言を吐いたので袋叩きにされた。これは、水平運動史上における初めての差別糾弾闘争であった。

しかし一七日に木村ら七人が御所警察署の要請によって説明に行ったところ留置され、一九日には騒擾《そうじょう》罪の容疑で起訴されたうえ、五条警察署の監獄に送り込まれて直後から予審を受けることになった。この事件について『大阪時事新報』(一九二二年五月一八日)は、「鋤鍬を持つた父兄/小学校を襲撃す/子供の喧嘩が原因となつて/仲裁に入つた区長を袋叩きにした上/校長や訓導を殴打した大正村の椿事」との見出しで、部落と部落民に対する偏見から誇張して報じた。

木村らは予審を受けることになったが、『大正小学校事件予審調書』(部落問題研究所所蔵複写史料)によると、六月七日の予審において木村は「水平社ハ即チ、右ノ如キ差別的取扱ヒヲ受クルコトヲ排除スルタメニ、個々別々ノ力デハ行カヌ故ニ、多数団結シテ差別的待遇ヲ受ケタ場合ニハ其理由ヲ糺シ徹底的ニ糺弾シ、一方内部ニ於テハ各自ガ自覚シテ向上ヲ図リ、以テ一般民ト新平民間ノ差別ヲ撤廃スルト云フノガ目的」と水平社と差別糺弾を説明した。そして予審を終えた七月三〇日、木村ら七人は保釈された。

公判は一〇月一八日から奈良地方裁判所において始まり、予審中の弁護士は奈良の中島信夫のみであったが、公判に際しては大阪の岡上春重と奈良の禅野《ぜんの》佐助の二人が加わり、事態を重く見た全国水平社連盟本部は東京の布施辰治に弁護を依頼した。木村京太郎『水平社運動の思い出』(部落問題研究所、一九七一年)によると、布施らは第一回の公判において「差別の不合理を小説『破戒』をはじめ幾多の事例を挙げて全員の無罪が主張された」という。また後年の『論戦教化新聞』（一九三三年一月一〇日）では、布施自身が「私の弁護士生活（註三十年）を顧みて、水平運動との関係の深きもの、ある事は、まことに感慨深い思出です。奈良の小林水平社事件で、涙ぐましい闘争から輝かしい水平運動の戦士、木村京太郎君を生んだ騒擾事件をはじめとして」と述べ、自らが水平運動に関係した事件と裁判のいくつかを簡単に挙げた。

そして木村は全国水平社機関誌『水平』第二号（一九二二年一一月）に「桎梏より鉄鎖へ――（獄中記）」を発表し、「我々はこの児童の言と校内に於ける教師の差別待遇を耳にするや、委員を選んで校長と交渉を開始したにも拘らず、前後三回の交渉も功を奏せず――剰へ一暴漢の出現によつて熱狂せる我区民を駆つて、直接行動を敢てせしむるに到つた」と自分たちの行動を正当化した。しかし一二月二八日の判決では木村と中島藤作《とうさく》（一九〇一〜一九七二）が禁錮六カ月、桝田梅次郎が懲役四カ月となったが、いずれも三年の執行猶予が付き、他の四人は無罪となったため（司法省『思想犯罪輯覧』、一九二八年）、控訴せずに判決を受け容れた。ともかくも、この事件を布施が弁護士として担当することによって、水平運動との継続的な関係が始まることになった。

次に布施辰治が関係したのは、水国争闘事件であった。一九二三年三月一七日に奈良の磯城《しき》郡で運ばれている部落女性の婚礼道具を見た非部落の男性が、四本指を出して差別行為に及んだため、翌日の一八日に差別糺弾を実行しようとする水平社と、水平社に対抗する非部落の住民および大日本国粋会との間で衝突事件が起こった。これを大々的に報じた『大阪毎日新聞』（一九二三年三月一九日）は、「国粋会＝水平社＝村民／一千名対峙す／嫁入の荷物が元で大騒動／百余名の警官隊出動」のと見出しを付けて詳細に報じたため、社会から大きな注目を浴びて水平運動は危険視されることになった。

これに危機感を覚えた奈良県警察部長の清水徳太郎は二〇日に水平社と国粋会との調停に乗り出し、二一日には双方の代表を呼び、差別した非部落の男性が当初は拒んでいた謝罪状を水平社に提出したうえで、水平社から本人に返すことで合意に達したので、これで解決するかと思われた。しかし奈良県警察部は二三日から、騒擾罪の嫌疑で水平社と国粋会の関係者を検挙した。

この事件を重視した布施は、早くも三月二〇日に現地へ赴き、事実上の日本共産党機関誌である『赤旗』第三巻第五号（一九二三年五月）に「水平社対国粋会争闘の一考察」を発表し、まず「私は、従来、水平社の運動に関する裁判には、殆んど出て居るから、全人類愛に燃ゆる水平運動の精神は、相当に之を理解して居るつもりであるし、徹底的態度の気分もまた十分に之を諒解して満腔の共鳴と協力とを期して居るのである」と述べた。そして、

「人生の一大事たる婚礼の首途に差別的侮辱を加へられた上、事後の失言者及び国粋側が勝手にしろと云ふ態度を見聞した水平社同人としては、引くにひかれぬ徹底的糺弾の失言謝罪を求むることの当然なるに、同感しないものはあるまい」と主張した。

また布施をはじめ小岩井浄《きよし》（一八九七～一九五九）、細迫兼光（一八九六～一九七二）らの弁護士は、この事件を重視して四月三日に現地に赴き、四日には天王寺公会堂で批判演説会を開いた（『大阪毎日新聞』一九二三年四月三日・五日）。そして布施は『日本弁護士協会録事』第二八五号（一九二三年五月）に「奈良県下国粋会対水平社の争闘事件調査報告書」を発表し、四月五日に大阪府水平社から事実の調査を依頼されたこと、自由法曹団は四月七日に総会を開いて徳田球一（一八九四～一九五三）、布施辰治、三輪寿壮《じゅそう》（一八九四～一九五六）を調査委員として選んだこと、三人は一五日に水平社の関係者と調査するとともに奈良地方裁判所検事局検事正の鱸《すずき》重康に面会して追及したこと、一六日には奈良市の花月劇場で水平社取締方針批判演説会を開いたことなどを報告した。

そして布施は最終的に、「本件の直接原因は、警察官憲の水平社運動に理解なき結果の不当処置に基くものなる事を認む。／調査委員は、奈良県下這回の国粋会対水平社争闘事件に対する司法官憲今日迄の態度には、水平社側及一般の識者として不公平と偏頗とを疑はしむべき、不用意と軽率との人権蹂躙ある事を認むる。／当局が今後其の不用意と軽率なく、公平にして且つ厳正なる事を期する声明に対しては、大に監視するの要ある事を認むる」と結論づけた。

水国争闘事件の予審は七月七日に終わり、水平社側の三五人、国粋側の一二人が騒擾罪との予審決定が下され、一〇月一八日から奈良地方裁判所において公判が始まった。この裁判で水平社側の弁護を担当したのは、大阪の部落出身である岸田岡太郎（一八九三～一九二四）、倉田庄太郎、小岩井浄、西村藤馬、布施辰治、日野国明、細迫兼光、水谷長三郎（一八九七～一九六〇）、三輪寿壮、吉田賢一（一八九四～一九八二）らであった。布施は毎回の公判に出席できたわけではなかったが、『水平社騒擾事件公判始末調書』（法政大学大原社会問題研究所所蔵）によると、布施は一一月三日の第二回公判において「水平運動ノ決議中徹底的糺弾ノ意味ハ、差別的言辞ニ出テタルモノノ良心ノ光ニ照ラシテ反省ヲ求ムルモノニシテ、決シテ暴力実行ニ出ズルモノニアラザル」ことを主張した。

また一二月七日の第三回公判では、布施は「検事の論告は事件の核心に触れず、即ち司法官憲に誤解がある」と指摘したうえで、「水平運動と社会主義と関係あるが如くいはるゝも誤解の一つである。社会主義は解放の原理によつて生まれたもので、その解放の原理を水平化したものが水平運動であつて、徹底的糺弾の如き水平運動が人間礼讃たることの信仰運動にして、法官亦人間最高の完成に突進されるならば徹底的糺弾といへる。文字の解釈も誤ることなきを信ず」(『大阪朝日新聞』、一九二三年一二月九日)と熱弁をふるった。

しかし一二月二五日に判決が言い渡され、首謀者とされた全国水平社中央執行委員の泉《いず》野利喜蔵《のりきぞう》(一九〇二～一九四四)と駒井喜作《きさく》(一八九七～一九四五)をはじめ三五人が騒擾罪で一年三カ月以下の懲役、または三〇円の罰金となった(前掲『思想犯罪輯覧』)。そして三月一二日から大阪控訴院で控訴審の公判が始まり(全国水平社青年同盟機関紙『選民』第一五号、一九二五年四月一五日、『大阪毎日新聞』一九二五年三月一三日)、一九二五年四月三〇日の判決でも第一審と同様の決定が下され(『大阪毎日新聞』一九二五年五月一日)、懲役刑を言い渡された多くの者が上告したが、一九二五年一二月二六日に却下されて最終的に刑が確定することになった(前掲『思想犯罪輯覧』)。

三　徳川家達暗殺未遂事件と世良田村事件

布施辰治が関係した徳川家達《いえさと》暗殺未遂事件についての裁判は、全国水平社中央委員会議長となる松本治一郎(一八八七～一九六六)と深い親交が始まるという意味において重要であった。一九二四年三月三日に京都市で開かれた全国水平社第三回大会において、全九州水平社から提案された「徳川家一門ニ対シテ位記返上ヲ勧告スルノ件」が可決された。これにもとづいて松本治一郎らが三月二六日から再三にわたって東京に在住する徳川家達に働きかけたものの、彼からは何らの回答も得られなかった。そして七月九日から一七日にかけて、徳川家達の暗殺を企てたとして松本の秘書役である佐藤三太郎、全九州水平社の松本源太郎（一九〇〇～一九二四）、松本治一郎が検挙されて東京の警視庁に護送された。

しかし松本治一郎は九月二〇日に保釈されたが、松本源太郎は二四日に獄死してしまった。この獄死を疑問視した布施は、水平社同人とともに医師の川上漸《すすむ》（一八八三～？）による慶応義塾大学病院での解剖に立ち会い、その結果を全国水平社機関紙『水平新聞』第五号（一九二四年一〇月二〇日）に「病死乎致死乎松本源太郎の獄死」として発表し、「松本氏の獄死に挟んだ疑問は単なる疑問では無くて、的確なる刑務所当局の手落ち即ち過失、強めて言へば刑務所収容の疾病者に対して尽くすべき義務を尽くさなかった結果」と結論づけた。

この論説は三重県水平社・日本農民組合三重県連合会機関紙『愛国新聞』第二三号（一九二四年一〇月二八日）では「病死？ 致死？ 松本源太郎の獄死」、全九州水平社機関紙『水平月報』第五号（一九二四年一一月八日）では「病死乎致死乎松本君の死」、『日本弁護士協会録事』第三〇一号（一九二四年一二月）では「病死乎致死乎被疑者の獄死」として少し表題を変えながら載せられた。しかし内容は同じであったが、四回も発表されたことからは布施の刑務所当局に対する強い憤りがうかがわれる。

また布施は『水平月報』第六号（一九二四年一二月一日）に載せた「松本氏の獄死問題を法曹界の世論に訴ふ」では、「在朝在野法曹の間に投ぜられた、松本氏獄死問題は、必ずや、行刑当局の糺弾、行刑制度の改善に大なる反響の狼火を挙ぐるに相違ないと思ふ」と訴えた。さらに『水平月報』第一四号（一九二五年一〇月一五日）の「松本源太郎君追悼記」でも、「諸氏も徒らに死者を悲むばかりでなく、生きてゐる者は生きてる間に、此《こ》の運動のため根強く戦ふこと、これこそ真の追悼ではあるまいか」という布施の談話を載せられ、布施が松本の獄死を乗り越えて闘いの糧《かて》にしようとしたことも付け加えておこう。

さて予審判事は、一九二四年九月二九日に松本治一郎と佐藤三太郎を殺人予備と銃砲火薬類取締法施行規則違反によって、東京地方裁判所の公判に付すことを決定した（『法律新聞』第二三二三号、一九二四年一〇月一三日）。公判は一〇月一九日から始まったが、弁護を担当したのは島田俊雄、布施辰治、三輪寿壮であった（『大阪毎日新聞』一九二四年一〇月二〇日）。判決は一二月四日に下され、二人は懲役一年に処せられた（『法律新聞』第二四八五号、一九二五年一二月二三日）。そして控訴審では、一九二六年一一月二七日の東京控訴院による判決で懲役四カ月の減刑となった（前掲『思想犯罪輯覧』）。しかし布施らは判決に納得することなく上告審に訴えたが、大審院は一九二七年二月二八日に棄却の決定を下した（『法律新聞』

第二六七二号、一九二七年四月一〇日)。

布施辰治が関係した水平運動に関する事件のなかでも、世良田村事件は水平運動における差別糺弾が直面した重大な困難を象徴した。一九二四年一二月三一日、群馬県の世良田村で非部落の男性が差別発言を発したため、翌年一月二日に水平社が差別糺弾に及び、講演会を非部落の男性の負担によって開催することで解決することになった。しかし非部落の男性が居住する集落では、水平社に対抗するため前年一二月一七日に自警団が組織されていて、自警団は一九二五年一月一八日に水平社が組織されていた部落を襲撃し、家屋の破壊や部落住民に重傷を負わせるなど暴虐の限りを尽くした。そして一九日から自警団の関係者を検挙し、二九日には騒擾罪で予審に付し、二月四・五日には差別した非部落の男性に脅迫、傷害、監禁を加えたとして、水平社の五人も検挙して予審に付すことになった。

この世良田村事件に対して関東水平社は当初から総力を挙げて取り組んだが、関東水平社機関誌『自由』第二巻第二号(一九二五年三月)によると、関東水平社の沢口忠蔵《ちゅうぞう》から連絡を受けた布施は、他の五人とともに二四日に関東水平社本部を訪れ、「幹部と種々協議の上、現場に一切の状況被害民の慰問、現場にて判検事と面談して、今後の方策を協議して同日帰京された」という。

これによって事件の重大さを自覚した布施は、有馬頼寧《よりやす》(一八八四〜一九五七)が主宰する融和団体である同愛会の求めに応じて二月九日に執筆した「群馬県下の水平社襲撃事件を視察して」を『同愛』第二二号（一九二五年四月）に発表した。ここで布施は、「夫れは、其の襲撃の飽迄計画的組織的であつた」と断じたうえで四点にわたって襲撃した思想的原因を挙げ、「彼等の卑劣さと頑迷さを今度の水平社襲撃事件で、深く考へさせら〻ものがあると思ふ」と襲撃の問題点を指摘した。この布施の指摘は、布施の自宅を発行所とする『生活運動』第四巻第四号（一九二五年四月）に載せられた「群馬県下の水平社襲撃事件に対する所感」、吉井浩存《ひろあり》と平野小剣（一八九一〜一九四〇）が編著の『この差別を見よ―大正十四年一月十八日夜陰に勃発した／群馬県世良田村字下原、／水平社部落襲撃事件の記録』（讃友社、一九二五年）に載せられた「世良田村事件の思想的動因を徹底的に糺明せよ」でも同様であった。

世良田村事件のうち水平社の関係者に関する裁判の経過をたどると、前橋地方裁判所検事局検事から前橋地方裁判所予審判事に二月四日に五人の予審が請求され、この日から三月九日まで予審が続けられた。そして四月二一日から公判が開かれたが、担当した弁護士は徳江亥之助《いのすけ》、布施辰治、三輪寿壮らであった（前掲『新編 史談裁判』第三巻）。六月六日に判決が言い渡され、三人が懲役六カ月、二人が懲役五カ月、控訴審の一九二六年二月五日の判決では二人の懲役五カ月に三年の執行猶予が付き、上告審では一九二六年四月一九日に棄却された（前掲『思想犯罪輯覧』）。

しかし自警団の関係者に関する五月一六日の公判における、検事の「水平社の糺弾事件に対し、今日まで官憲が何等処罰方針をとらなかつた結果、善良な人々を刑事被告人として多数法廷に立たしめたるは頗る遺憾の極みである」（『大阪毎日新聞』、一九二五年五月一七日）との自警団の関係者に対する寛大な発言、六月一〇日の軽い判決は（『大阪毎日新聞』、一九二五年六月一一日）、この裁判の差別的な性格を如実に表現していた。

四　福岡連隊事件と北原泰作天皇直訴事件

布施辰治が初めての軍隊内差別事件に関係したのが、福岡連隊事件であった。全国水平社九州連合会の井元麟之《りんし》（一九〇五～一九八四）は一九二六年一月一〇日に福岡歩兵第二四連隊に入隊し、一六日には部落出身兵士を組織する兵卒《へいそつ》同盟を極秘裏に結成し、差別事件の摘発を始めた。これを受けて全国水平社九州連合会は五月二五日に福岡連隊での差別事件を調査し、六月三〇日の福岡連隊当局との交渉では決裂したが、七月二日にも全国水平社九州連合会と福岡連隊当局は交渉し、講演会の開催などの条件で解決した。しかし福岡連隊当局は全国水平社九州連合会が「謝罪講演会」と宣伝したことを理由に七月一八日に解決条件を一方的に破棄し、両者の対立は激しくなっていった。これに危機感を募らせた官憲は「福岡連隊爆破陰謀事件」を捏造《ねつぞう》し、一一月一二日に松本治一郎、木村京太郎らを検挙した。

福岡県地方裁判所検事局は一一月二〇日に松本らを起訴し、松本らは予審に付されることになった。そして一九二七年一月三一日の福岡地方裁判所予審判事による予審終結決定によって、松本ら一一人は爆発物取締規則、銃砲火薬類施行規則違反を理由として、福岡地方裁判所の公判に付せられることになった。なお東京でインタビューを受けた布施辰治は、松本らの「検挙の裏面には柴田某といふ窃盗犯人をスパイに使つた跡が見える」と「福岡連隊爆破陰謀事件」が官憲の謀略であることを匂わせたが（『大阪毎日新聞』一九二七年二月一二日）、「柴田某」とはスパイと断定された柴田甚太郎であった（『水平新聞』第一五号、一九二七年三月二五日）。

第一審の第一回公判は福岡地方裁判所において五月二日から始まったが、弁護を担当したのは小岩井浄、布施辰治、細迫兼光、水谷長三郎とともに、福岡の石橋重太郎、木村安雄、佐藤守、鶴和夫、林達也、三好弥六《やろく》（一八八〇〜一九五七）であった。第二回公判は五月二〇日に開かれ、要請した延期申請が許可されず出席できなかった布施の電報が法廷で示されたが、その全文が『水平月報』第二八号（一九二七年六月一日）と『水平新聞』第一六号（一九二七年六月二五日）に載せられた。それは前者によると、「本件唯一の争点は検挙の動機です。無根の事実を公判に運んだ水平社の福岡連隊の糺弾に対する側面からの弾圧である」と述べたうえで、「私の延期が許可せられない為に、法廷に其の事情をつくす弁論の機会を奪はれた事を遺憾とするが、切に裁判所の公平厳正なる判決を祈つて被告の無罪を望みます」との内容であった。

そして六月六日に判決が言い渡され、松本の懲役三年六カ月を最高に全員が有罪になった（『大阪毎日新聞』、一九二七年六月六日）。すぐさま松本らは控訴し、長崎控訴院で一二月一四日から布施も参加して控訴審が始まり（『大阪毎日新聞』、一九二七年一二月一五日）、一九二八年四月一八日に判決が言い渡されたが、第一審の判決と同じであった（『神戸新聞』一九二八年四月一九日）。これを不服として松本らは上告したが、上告審の一二月一〇日に棄却の決定が下され、刑が確定した（『大阪毎日新聞』一九二八年一二月一一日）。

布施辰治は北原泰作（一九〇六〜一九八一）が天皇に直訴した事件、つまり北原泰作天皇直訴事件にも多大な関心を寄せたが、これについては裁判に関係することはできなかった。かつて私は「なぜ北原泰作は天皇に直訴したのか」（『雑学』第三二号、二〇〇六年五月）を発表したので、これによって基本的な経過をたどっておこう。北原は一九二七年一月一〇日に岐阜歩兵第六八連隊に入営し、福岡連隊事件における官憲の弾圧、軍隊内の部落差別を訴える決意を固めた。そして一一月一九日の陸軍特別大演習が終了した後の名古屋練兵場での天皇の閲兵式において、北原は軍隊内の部落差別撤廃を願った直訴状を天皇に手渡そうとしたが、取り押さえられてしまった。

陸軍省をはじめとした政府は事件を重大視し、一切の新聞報道が禁止された。また陸軍省は北原の処罰を急ぎ、早くも一一月二二日に起訴し、二三日に新聞報道の解禁、二五日に第三師団で軍法会議、そして二六日には請願令の違反という罪状によって北原に懲役一年の判決を言い渡した。これを不服とした北原は上告し、東京の第一師団司令部高等軍法会議で一九二八年一月一〇日に上告審が開かれたが、一三日に棄却となった（北原泰作『賤民の後裔―わが屈辱と抵抗の半生』筑摩書房、一九七四年）。

このような陸軍省の北原に対する厳しい処分に対して、布施は座視することができず、『法律新聞』第二七七五号（一九二七年一二月二八日）に「曝露を恐る、軍閥の／卑怯と陰険を見よ」を発表し、まず「或る人」から北原の弁護を依頼されたが、「弁護人たる届出が間に会はなかつた」と説明した。この「或る人」とは、二三日の新聞報道で事件を知った愛知県水平社の生駒長一《ちょういち》（一九〇五～一九四五）、鈴木信《しん》（一九〇四～？）、水野竹造から事件が電話で伝えられ、布施に弁護を依頼した東京水平社の深川武（一九〇〇～一九六二）であった（前掲『賤民の後裔』）。次に布施は、自らが一九二二年四月に軍法会議の弁護人になることを届け出ていたが、これを陸軍省が認可しなかったために北原の弁護を担当できなくなり、一二月一日に陸軍大臣の白川義則（一八六九〜一九三二）に認可の催促状を送ったことも明かした。

また布施は一二月四日に執筆した「水平社の直訴事件と正式請願運動」を、「無産階級戦闘雑誌」と題された『進め』第六年第一号（一九二八年一月）に発表し、表題を「水平社北原泰作氏の直訴問題に就いて」と変えて『法律新報』第一三五号（一九二八年一月二五日）にも載せた。前者によると布施が最も強調したことは、「私は、此度の北原君の直訴問題を機会に、水平社同人が差別撤廃の正式請願運動を起すと共に、一般被圧迫大衆は、之を支持し自ら絶対に差別せざる事を誓ふ心を以て之に署名し、水平社同人の目的を貫徹せしむる事によつて、之を専制政治的支配階級に対する固く強き共同闘争の基とする為に、最大の努力をつくすべきであると信じます」と述べ、請願令にもとづく部落差別撤廃に関する請願運動を提案した。

以上に紹介した六つの事件は、布施が関係した水平運動に関する著名な事件と裁判である。また前掲『論戦教化新聞』において、布施は自らが弁護士として水平運動について関係した裁判について、著名な大正高等小学校事件、水国争闘事件、福岡連隊事件とともに、甘木《あまぎ》事件として知られる一九三〇年九月に福岡県甘木町で起こった差別発言に端を発した弾圧事件だけでなく、加えて「奈良、名古屋、埼玉、長野等々に、凡ゆる水平社事件で関係してゐないものはなく」と述べるほどであった。すなわち布施が弁護士として水平運動に関係した事件の件数についての全体像を把握できないものの、私が調べたかぎり少なく見積もっても事件名が判明するのは一二件を数えることができるので、おそらく水平運動に関係した弁護士のなかでは布施が最も多いように思われる。

五　水平運動に対する認識の独自性

布施辰治が弁護士としての立場から水平運動に関係した事件と裁判を検討してきたが、これと密接に関係する布施の水平運動に対する認識を独自性を、布施自身が発表した著作と談話によって検討することにしよう。まず一九二三年三月の水国争闘事件に際して布施は、山室軍平（一八七二〜一九四〇）が主宰する救世軍機関誌『廓清《かくせい》』第一三巻第五号（一九二三年五月）に「水平運動に対する批判」を発表し、まず「私は従来、水平運動に関する裁判事件には殆んど出て居るのであるから、全人類愛に燃ゆる水平運動の精神はよく理解して居る積りであるが、水平社同人の強さは圧迫に対する反抗の強さであつて、決して自ら狂暴を逞する強さでない」と述べた。

そして次に、「水平社同人は多数のものがすぐに結束して無理にその主張を通しもの、如くに見て居る人もあるが、水平社同人の目醒めたる人々の覚悟は、自分に付いて起つた問題は自分で決すると云ふ覚悟と決心を持つて居り、自分の事は自分丈けで解決出来ない時に同人の共力と結束とを得たいと云ふので、決して無暗に多数の力を頼む運動であると見らるべきものではない」としたうえで、「私は今度の問題を機会に広く水平運動の精神を了解して、これまでの様な差別的失言を些々たる事とは思はず、お互いにこれを一掃する決意を以つて差別観念を撤廃したい」と主張した。

ここからは水平運動の精神と水平社同人の団結力を真正面から受けとめ、社会から差別観念を撤廃しようとする、布施の誠実かつ真摯な姿勢がうかがわれる。布施は一九二四年八月一〇日に不注意から怪我をして六週間の絶対安静となったが、三重県水平社と日本農民組合三重県連合会が見舞状を送ったのに対して、八月二五日の礼状で感謝を伝えた（「布施辰治氏よりの礼状」『愛国新聞』第一九号、一九二四年九月一日）。これに関連して布施が九月一三日に執筆した「再び活動の巷に立つ―強制休養の床上から」が『水平新聞』第五号（一九二四年一〇月二〇日）に載せられ、木村京太郎と思われる「本部のK君」に対して、九月二一日に退院して近く水国争闘事件の裁判に出廷する決意を伝えた。

布施は水平運動を支援していた難波英夫（一八八八～一九七二）が刊行する『ワシラノシンブン』第八号（一九二四年一一月一日）に「生きる事の真理」を寄せ、小作争議の意義を説明した。また奈良の岩崎水平社機関誌『水平運動』創刊号（一九二四年一〇月）に掲載された「震災に教へらる、水平運動の活躍」において、布施は「大震災があやまれる総てのものを破壊した如くに破壊して、最も充実した基礎の上に大建設の理想実現を期する水平運動の活躍を望んで止まない」との期待を表明した。さらに布施は『水平月報』第一一号（一九二五年七月一日）に「総ての運動は真剣でありたい」を寄せ、表題どおり自らの考える社会運動の理想的な姿を簡単に表現した。

布施が水平運動と無産階級運動の関係を本格的に論じたのが、『自由新聞』第三号（一九二五年八月一日）と『聖戦』第五号（一九二五年一一月）に載せられた、その名のとおり「水平運動と無産階級運動」であった。重要な主張を初出の『自由新聞』第三号から紹介すると、「水平運動と無産階級運動とは、常に必ず其の陣列を同じふせず、又其の戦術を共にしない点があつても、素より全無産階級運動たる最後の目的を同じふすると共に、其の戦術を同じふするものである事を信じて疑わない。夫れは、水平運動の目的が、総ての人々の為めに『佳き日』の栄光を望んで、其の手段を同人団結の力に俟たんとする戦術は、自ら全無産階級運動の一陣列たる事を語つて居るものだと信ずるからである」との内容であった。

この時期に水平運動と無産階級運動の連携もしくは連帯に否定的な勢力が全国水平社の内外に存在し、それに無政府主義系の『自由新聞』と保守系の『聖戦』も近かったと思われる。それだけに水平運動を支援する影響力のある弁護士として活躍していた布施の、水平運動と無産階級運動は独自的な意義を持ちながらも、双方は深くつながっているという主張は、決して無視できない重要な論点を提示していた。

また『同愛』第三五号（一九二六年六月）は、質問方式の「部落問題に対する意見と解決の方法」を載せ、「一、部落問題に対する貴下の忌憚なき御意見」に対する三七人の回答を紹介した。その一人である布施は、「部落問題に対する私の忌憚なき意見をといふ御質ねですが、一体忌憚なき意見をとふ事はどんな御趣旨なのでせう。／万一にも部落問題に対する意見に水平社同人への忌憚ある事を予想前提して居る御質ねだとしたら、それこそ部落問題に対する差別観念に囚はれて居るのではないでせうか」と疑問を呈した。

そして次に布施は最終的に、「私共の部落問題に対する意見は、如何に部落外のものであつても、第三者的に部落外から部落問題を窺いて見て、かれこれ批判するのでは無く、所謂部落民の虐げに憤ふる水平社同人と共に、部落問題解決の底に横たわる全人類愛の信念に燃ゆる解放の叫びでなければならないと思ふ。にも不拘、私共の部落問題に対する意見に水平社同人へ忌憚し、表面は差別撤廃の意見を高唱し乍ら、其の実、忌憚ある内心の差別観念に囚はれて居る様な運動があつたら、寧ろ意識的な人間差別の冒瀆でせう。／ですから、私の部落問題に対する意見は、人類最高の完成に突進する同感がある丈けで、外に所謂忌憚なき意見といふもの、持ち合わせがありません」（同前）と結論づけた。

布施は自らが非部落民であることを強く自覚しつつ、水平運動を支援する立場を明確にしていただけに、質問そのものが部落問題の姿勢にもたらす重要な意味を問わずにはおれなかったのであろう。これを前提として「二、部落問題解決の方法如何」という質問に対して、布施は「人間差別の賤視行為を徹底的に糺弾する事が一番いゝと思ひます」と水平運動の論理に沿って簡潔に答えるだけであった。

また一九二六年五月二・三日に福岡市で開かれた全国水平社第五回大会で、綱領の改正と日本共産党員でもあった高橋貞樹《さだき》（一九〇五～一九三五）が部落民でないとして除名されたことに際して、布施は「水平運動大観―綱領改正と高橋氏除名問題」を総合雑誌『解放』第五巻第一六号（一九二六年一二月）と『解放運動無産政党解放団体現勢年鑑　昭和二年版』（解放社、一九二七年）に発表した。前者から紹介すると、綱領の改正を「水平運動将来の進出を階級戦に一歩したものだ」と評価しつつも、「解放運動の出発と到着に就いて、其の目的を同じうし乍ら、陣容と戦術を異にする共同戦線と云ふ問題に、甚だ必要な水平運動同人の結成から観た非同人高橋氏の除名は、最も注意すべき本年度水平運動大観の特筆事項だと考へる」と苦慮する表現とならざるを得なかった。

さらに布施は求めに応じて『解放』第六巻第一号（一九二七年一月）に「水平運動の巨星

新星を望む」を発表したが、「解放運動の総てが反抗運動である限り、その戦線に立つ所の、巨星新星を忠実克明に月旦するとしたら、最も優秀有力なる新旧の闘士を官憲のブラックリストに推薦する様な事になるだらうと思ふ」として名前を挙げることを意識的に避けた。そして布施は、「私の、水平運動に、新しき光として、之れを総ての解放運動に適用したらばと思ふものは、いわれなき差別の侮辱に蹶起する糺弾の覚悟である。以上の反抗運動を、尤も巨きく強く体験するものが水平運動の巨星であり、糺弾蹶起の覚悟を固く有つものが、水平運動の新星だと思ふ」と述べた。ここには階級的な警戒心を前提とした水平運動の新たな展開と幾多の闘士に対する期待が、如実に表現されていた。

そして全国融和連盟は、自らの機関紙『融和運動』第一四号（一九二七年三月一日）に質問形式の「部落問題に対する政治家の意見（一）」を載せたが、そこでの質問は「一、謂ゆる部落民に対する差別的言辞に対して法律上適当なる取締方法を講ずること如何」「二、被差別者の団体的行動の可否、並に之に対する取扱方法如何」であった。この二つの質問に対して布施は、「私は、差別的言辞を弄したものを制裁する法律の制定よりも、被差別者をして徹底的に糺弾せしむべき糺弾権確立の法律が必要だと思ひます。／私は、謂れなき虐げに泣く正しき被差別者の抗争は、団体の力に依るより外なきものと信んじて居りますが、其の為めの法律対策は、不正なものを権力的の法律に依つて制裁するよりも、不正なものを糺弾せんとする被差別者の正しき行動を、権力的の法律に依つて保護する事が必要だと考へます」と一括して回答した。

ここでも差別的言辞を抑止するには権力が制定する法律に依存するよりも、布施らしく被差別者自身による糺弾の必要性を訴えたが、注目されるべきは「被差別者をして徹底的に糺弾せしむべき糺弾権確立の法律が必要だと思ひます」と述べたように、「糺弾権」を明確に主張したことであった。これら布施の水平運動および部落問題に対する認識の独自性は、明らかに布施自身が弁護士として水平運動を支援し、部落差別に苦しみながらも闘う多くの水平社同人と接するなかで形成されたものであった。

布施は『選民』第一七号（一九二五年六月一五日）では全国水平社青年同盟の法律顧問、『水平月報』第一二号（一九二五年八月一日）では『水平月報』すなわち全国水平社九州連合会の法律顧問として紹介されたが、おそらく全国水平社においても法律顧問という位置づけであったと思われる。しかも全国水平社の内外には多様な政治勢力が存在していたが、布施自らは「生きべくんば民衆とともに、死すべくんば民衆のために」という処世訓による人道主義にもとづきながら無産階級運動に共感を抱いていたとしても、部落解放を自らの課題としつつ水平運動の支援に奔走した積極的な姿勢は、政治勢力の如何を問わず信頼と尊敬を獲得することになった。

これまで見てきたように、布施は非部落民の弁護士という社会的立場を強く自覚しつつ、部落差別の撤廃を自らの課題とすることを前提として、部落差別に苦しんでいた部落民の心情に寄り添い、水平運動の思想と原則を理解したうえで差別糺弾の意義と役割を尊重し、裁判を通して弁護士として支配権力の弾圧から差別糺弾に際して犠牲となった水平社同人に対する支援を惜しむことなく、部落解放を実現しようとする水平運動の発展に大きく寄与したことは、特筆に値する思想と行動の特徴というべきであろう。この意味において非部落民の布施は、弁護士という社会的立場を踏まえながら「非部落民の部落問題」を考える際に、重要な人物であり続けていると評価することができよう。

付記　本稿の作成にあたっては、石巻市博物館、法政大学大原社会問題研究所、中村美香さん、成田暢さん、水野直樹さんから協力を得ました。記して深甚の感謝を表します。

参考文献

朝治武「なぜ北原泰作は天皇に直訴したのか」（『雑学』第三二号〈下之庄歴史研究会〉、二〇〇六年五月）
朝治武『全国水平社1922-1942―差別と解放の苦悩』筑摩書房、二〇〇二年
北原泰作『賤民の後裔―わが屈辱と抵抗の半生―』筑摩書房、一九七四年

木村京太郎『水平社運動の思い出』部落問題研究所、一九七一年
布施柑治『ある弁護士の生涯—布施辰治』岩波書店、一九六三年
明治大学史資料センター監修『布施辰治著作集』第一四巻・別巻、ゆまに書房、二〇〇八年
森正『評伝 布施辰治』日本評論社、二〇一四年
森正『ある愚直な人道主義者の生涯—弁護士布施辰治の闘い』旬報社、二〇二二年
森長英三郎『新編 史談裁判』第三・四巻、日本評論社、一九八四年

有馬頼寧――華族の立場から隣人愛を説いた融和運動家

ありま よりやす（一八八四〜一九五七）

藤野 豊

一 皇室への危機感

有馬頼寧は、旧久留米藩主有馬家の第一四代当主で伯爵の有馬頼萬《よりつむ》の長男として一八八四年一二月一七日、東京で生まれました。学習院を経て、一九〇九年、東京帝国大学農科を卒業し、農商務省に入り、さらに一九一七年、農科大学付属農業教員養成所の講師となり、一九二〇年には同所の助教授となりました。同所に勤務するようになってからさまざまな社会事業に関係し、日本教育者協会や日本農民組合の結成にも奔走、一九二一年には被差別部落との融和を掲げた同愛会の会長にも就任しています。

その後、一九二四年には無所属で衆議院議員に当選し、当選後は立憲政友会に入党、

有馬頼寧

一九二七年、父頼萬の死去にともない伯爵を襲爵したため、衆議院議員の資格を失いますが、一九二九年から貴族院議員となり、農林政務次官、産業組合中央金庫理事長、産業組合中央会会頭を歴任し、一九三七年、友人の近衛文麿が第一次内閣を組織すると、農林大臣に就任、さらに一九四〇年には近衛を総裁とする大政翼賛会の事務局長となりました。しかし、それゆえ戦後は戦犯容疑で逮捕されますが、不起訴となり、一九五七年一月一〇日、七二歳で死去しました。有馬頼寧と部落問題とのかかわりを考える際、なぜ、伯爵家に生まれた有馬が部落問題の解決に取り組んだのかということが、重要な論点となるでしょう。

その理由として、第一にあげられるのは、有馬には、華族社会の一員として社会主義革命から皇室をいかに守るかという危機感があったことです。有馬は大学卒業後、一年二カ月間、欧米に遊学しています。有馬は、後年、そのときの経験を通して、こうした危機感を強くしたと回想しています（有馬頼寧『七十年の回想』春秋社、一九五七年）。

特にロシア革命で帝政が倒され、皇帝一家が殺害されたことは、有馬にとって大きな衝撃でした。一九二〇年六月六日の日記にも「過激派治下の露西亜の事を思へば永生きするのも必しも幸福でない事を知る」と書いています。皇室の藩屏である華族社会の一員として、いかにして革命から皇室を守るかということは、同時に、自らの華族としての地位をいかに守るかということでもあり、そうした有馬が深く共鳴したのが、ロシア貴族のトルストイでした。有馬は、トルストイの『我等何をなすべきか』を読み、トルストイが帝政を守るため、貴族に貧民への社会事業を勧めたことを知り、深く共鳴し、自らもそうありたいと思ったということを回想しています（前掲、『七十年の回想』）。

こうした思いを懐《いだ》いた有馬にとり、河上肇の『貧乏物語』は大きな衝撃となりました。有馬は、この本のなかで河上が「富豪は奢侈を止めると同時ニ進んで貧民救済をなすべきであるといふ事が繰返し論じられてゐる事は我々の大ニ聴くべき論であつて少くも自分はそれニ共鳴しそれに賛同し而してそれを実行せんとするものである」と一九一九年四月一一日の日記に記しています。有馬は、トルストイや河上の主張を自らも実践しようと決意します。

次に第二の理由として考えられるのが、キリスト教の影響です。トルストイの社会事業とのかかわりは、トルストイ運動としてロシアのクリスチャンに影響を与え、河上肇もまた、内村鑑三や木下尚江から強い影響を受けたことはよく知られていますし、有馬もまた、トルストイや河上を通してキリスト教に接したと考えられますが、さらに、賀川豊彦との出会いも影響しています。

有馬は、神戸の貧民街新川で伝道活動を行う牧師賀川豊彦の自伝的小説『死線を越えて』を読み、深く感動し、一九二〇年一二月二〇日、新川に賀川を訪ねています。このとき、有馬は「私は或る階級の社会支配と云ふことには反対です。若し労働者の支配する社会が出現するのでは何の意味もないと思ふ。何れの階級に限らず人類に対する愛に燃え最も優れた人物が集まつて支配する社会が出現するのでなければ、社会革命に意味はないと思ふ」と語り、賀川と意気投合しました（『大阪新報』一九二〇年一二月二八日）。賀川は牧師であるとともに、友愛会の労働運動の指導者でもあり、キリスト教的な社会主義者の一人でした。有馬にとり、貧困問題に取り組む賀川の実践活動に出会ったことは、以後の社会活動に大きな指針となりました。トルストイ、河上肇、そして賀川豊彦の影響を受け、有馬自身もこの時期、急速にキリスト教に接近していきます。しかし、それだけではありません。有馬をキリスト教に接近させたことには、一人の女性が大きく関与していました。

有馬には、北白川宮能久の次女である貞子という妻がおりましたが、その一方で、有馬は数多くの女性とも遊蕩《ゆうとう》に耽《ふけ》るという生活を続けていました。そして、有馬家に奉公していた松信緑という女性を強引に、いわゆる「愛人」にしてしまいます。

彼女は、同志社女学校出身の敬虔《けいけん》なクリスチャンでした。こうした事情は、山本一生『恋と伯爵と大正デモクラシー』（日本経済新聞出版社、二〇〇七年）に詳しいのですが、有馬が松信緑と関係を持つのは一九一九年で、賀川の『死線を越えて』が出版される一年前のことでした。

有馬は、松信に勧められて、いっしょに聖書を読む生活を始めます。一九一九年三月二一日の日記に、有馬は「私も近頃はMさんに感化され余程信仰的生活ニ入つて来た。別に「クリスチャン」にはならずとも自分の行ひさへ立派になればそれでよいのだ」と記しています。さらに、同年六月一七日の日記には「宗教の中ではキリスト教が最もよいと思ふ。又自分としては信仰生活に入る事の必要なのも知つて居る。唯時期の問題だとも思ふ。しかしキリスト教を充分理解して後でなくては信者となる事も出来ず又そうあるべき筈と思ふ」と記し、信仰の道を模索していたことがわかります。

有馬がキリスト教に傾倒した大きな理由は、隣人愛の信仰でした。一九一九年八月一四日の日記には「どの様な悪い人でもその人が自分が如何に為すべきかを知らぬのだから許してやらねばならぬ、気の毒と思ふてやらねばならぬといふキリストの教へはほんとに嬉しいと思ふ。己れをそこなふもの迄も愛するのでなくては真の愛ではない」と記し、一九二〇年一月一三日の日記には「私の愛はたれニも同じでなければならぬ。特に汝の敵を愛せといふ神の言葉を守らねばならぬ」と感激の思いを綴《つづ》っています。ここに、有馬の愛による融和という理念が成立しました。

このように、キリスト教への傾倒を深めるなかで、有馬は『死線を越えて』を読み、賀川に会いたくなり、賀川のもとを訪れたのです。しかし、訪問を前にした一九二〇年一二月六日の日記には「賀川さんの様にせねばならぬものだといふ事は知つて居るけれど私にはとても出来ぬ」とも記しています。自ら貧民街で生活し伝道をするという賀川と同じようなことは無理でも、少しでも賀川の実践に近づきたいという思いが、以後の有馬のさまざまな社会活動を生み出したと言えるでしょう。

このように、有馬は、華族社会の一員として皇室の将来への危機感を深くし、それを克服するためにトルストイと同様、自分は何をなすべきかと苦悩し、河上肇や賀川豊彦の足跡を追っていくことになりました。ただ、結果として、有馬はキリスト教の洗礼を受けることはありませんでした。のちには、「どの宗教に属するかと云へば無い」と明言しています（「華冑界の新人有馬頼寧氏と宗教に就て語る」『宇宙』一九二六年八月号）。

二　民本主義的皇室像の主張

有馬はすでに、一九一七年より東京浅草の託児施設同情園や特殊小学校玉姫小学校への援助を開始しています。そして、一九一九年には徳川圀順《くにゆき》、広幡忠隆、佐々木行忠、柳沢保承《やすつぐ》、酒井忠正、織田信恒、木戸幸一、細川護貞《もりさだ》ら同年配の華族社会の人びとと信愛会を組織し（のちに近衛文麿も参加）、会員の寄付金により労働者のための夜間中学校信愛学院を設立します。この信愛会について、有馬は一九一九年の日記の補遺に「下層階級者の上層階級者に対する憎悪の念は必しも物質上の不平均といふ事のみには因しない。社会的不平等に基づくこと大なのである」という認識のもとに、同世代の華族社会の人びとに「所謂下層社会の人々と融和」することを求めた組織であると説明しています。さらに、「富者は出来るだけ其財を以て貧者を救ひ上流の者も出来るだけ下流の者と親んで其弊害を少くせねばならぬのである」とも書いています。

向学心がありながら、小学校を卒業して労働者となった若者に、華族社会の人びとが私費で学校をつくり、学びの機会を与え、さらに、そこで講義も担当し、生徒たちと交わっていくということで、「下層階級」と「上層階級」の「融和」を図ろうとしたのです。有馬は、一九一九年二月一五日の日記に、玉姫小学校の卒業生や信愛学院の生徒たちと「膝を交へて隔意なく語らん」との意気込みを記しています。

では、ここで、有馬の懐いた皇室への危機感について、詳しく検討していきましょう。すでに述べましたように、有馬の妻は北白川宮家の出身でしたから、皇室への危機感はより強かったと考えられます。まずあげられるのは、一九一九年頃より顕著になった大正天皇嘉仁の病状の悪化があります。それにより嘉仁の権威は低下し、宮中は事実上、貞明皇后節子が取り仕切るようになりました。一九二一年には皇太子裕仁の婚約をめぐり、いわゆる「宮中某重大事件」が起こり、さらに、節子に取り入った「隠田の行者」飯野吉三郎が宮中に出入りするなど、宮中をめぐる不祥事が続発し、有馬は、一九二一年三月一〇日の日記で、飯野のスキャンダルについて「日本の皇室も日に日に危くなつて行く」と嘆いていました。

こうしたなかで、有馬が期待したのは皇太子裕仁の存在です。一九一九年五月七日、成年式に臨み、裕仁に拝謁した有馬は、その日の日記に「背も高く如も御顔立が如何ニも明治天皇に似させられて何となく嬉しかつた」と安堵《あんど》し、「吾々日本国民の天皇に対する考は忠といふ義務的観念でなくして愛といふ相対的観念を基礎とせねばならぬと思ふ。私は天皇陛下を公としては君主としてそれを尊敬し私としては人としてそれを愛するのである。

民主政体とてもやはり主権者はある。どうせあるなら歴史を尊重して永く現状を破り度ない。単に智とか才といふもので勝つて居る人を主権者として仰ぐのは嬉しくない。君主政体でも実際が民主政体であればよい」と、独自の皇室論を展開しています。有馬は強制された忠義により天皇を敬うのではなく、愛により天皇を敬うべきだと主張しています。「君主政体でも実際が民主政体であればよい」という主張には、天皇制のもとでも可能な限り、国民の権利を保障しようとする民本主義の影響もうかがえます。

有馬は、一九二一年一月五日の日記に「皇室は国民の皇室である」と書き、『蛙の聲』（日本教育者協会出版部、一九二二年）では「皇室の藩塀《ママ》は国民全体である」とまで言い切っています。しかし、こうした有馬の皇室論の背景には、皇室に対して国民の心が離れているのではないかという危惧がありました。一九二〇年一月二日の日記には「今日大多数の教養ある国民は今日の国体をオ、カせず又個人的ニも天皇ニ何等尊敬の念も信愛の念も持つて居ない」という不安が記されています。民本主義が支持される時代の「大多数の教養ある国民」に、愛国心を強要すれば、かえって反発を受けるから、皇室もそうした国民から尊敬されるように変わらなければならない、有馬はそう考えました。では、どのように変わるべきなのか、有馬は一九二〇年一月五日の日記で「英国の皇室ニ倣ふて一日も早く社会的の仕事ニ手を染めらるゝ」ことを求めています。二月一一日の紀元節の日の日記では「日本は決して専制の国ではない。天皇は民の幸福を以て幸福とせらる丶」ということを強調しています。

そして、有馬は、そうした皇室の変化の先触れを華族が担うべきだと考えました。一九二〇年一月一二日の日記には「宮さん方を出来るだけ引き下げて社会の人々と接近なさる様な機会を作つて上げる事、又社会の人が宮さん方ニ対して唯妙な感を以つて迎へない様ニするのは私達のすべき事だ」と、自らの使命を語っています。日記によれば、有馬は一九二〇年六月九日、北白川宮成久を案内して浅草の貧民街の視察も行いました。

有馬の同愛会会長就任と、以後の部落問題とのかかわりも、こうした有馬の皇室への危機感と、危機回避のための皇室の変化、華族社会の変化を求める一連の言動の一環として理解するべきでしょう。

三　部落問題とのかかわり

有馬が初めて被差別部落を訪れたのは、一九二〇年一〇月一〇日のことでした。この日、有馬は玉姫小学校の卒業生清水善蔵を介して東京府北豊島郡下練馬村の被差別部落の青年会の会合に出席しました。この日の日記に、有馬は「かなり大きな家の八畳二間程の処三十名程集つた。一時間許りの話を神妙に聞いてくれた。……（中略）……会合はかなり暖いものであつた。今度は昼間来て仕事も見様と思ふ。清水君の話によると此村の青年会は中々よいのだそうだ」と好意的な感想を記しています。

当時、被差別部落への同情融和を説く団体として、伯爵大木遠吉、大江卓らによる帝国公道会がありました。しかし、有馬は、帝国公道会には反発を感じていました。一九一九年一月三一日の日記では「大木伯等の主唱する特殊部落民との融和会等といふものは最もつまらぬもので特殊部落などと公言する事が已に真の融和の精神なき証拠である」とまで批判し、一九二〇年六月二三日の日記には「特殊部落の人を招いて懇親を結べといふ事それ已に差別である。その様な事聞きもせず誰れでも同じ様ニ接して居るのが真の無差別ではなからふか」と問うています。帝国公道会は、被差別部落の人びとを集め、華族や著名な政治家や文化人の同情の弁を聞かせ、同情されるように振舞うことを求めていました。明らかに被差別部落の人びとを同情の対象として低くみなしていました。有馬は、こうした運動を「最もつまらぬもの」で、それ自体が「已に差別である」と批判したのです。有馬が求めたのは、被差別部落内外の人びとが対等な存在として愛により融和することでした。その愛とは、すでに述べたようにキリスト教の隣人愛に根ざしたものでした。ここに、同愛会の運動が生まれます。

ただし、華族社会の一員の有馬には帝国公道会と通じる身分意識があったことも否定できません。一九一九年一〇月三日の日記には「私は平民とか新平民とかをいやしむとか交らぬとかいふのではない」と言いつつも、「しかし自分としては自分の自尊心、大名の家の子といふ事を傷けられる様な事はどうしてもいやな様な気がする」と正直に高貴な身分であるという意識を表明しています。有馬の言動には建前と本音の乖離《かいり》がしばしば見られますが、この身分意識の表明はその象徴的な一齣《ひとこま》です。

同愛会結成の発端は、一九二一年四月に、かつて自由党の壮士として活動した高知県の被差別部落出身の井上平八郎、東京八王子の被差別部落の柏木忠通、前衆議院議員の柳田守次郎らが集まり、新たな融和団体の設立を話し合ったことにあります。井上と柳田は会長に著名な有馬を担ごうと考え、有馬を訪問し、快諾を得ました。この過程で会名は、同愛会と決まりました。有馬は、このときの事情を次にように語っています。

私は部落の人達が社会の或人々から理由なき迫害を受けて居る事実があると云ふことは、多少耳にも致し、又書物などでも多少は読んで居ります。併しながら井上君から其御話を伺ひました時に、其事柄が自分として好いことであり、世の中に行はれる所の色々なる運動の中で非常に大切であり、研究を要する一つの重大なる事柄であつて、それに対して自分のやうな者が何等かの役に立つとしたならば、自分の些々たる感情は捨て、此為めに出来るだけの力を捧げると云ふことは、是は当然自分としての義務であると思つたのであります。（有馬頼寧「最初の叫び」『同愛』第三五号、一九二六年六月）

当初、同愛会の機関誌名を『愛に満てる世を望みて』としますが、この名称（のち『同愛』と改称）に、キリスト教の隣人愛に傾倒した有馬の姿勢が反映されています。有馬は、同愛会の究極の目的は「社会の総ての違つた階級の人達が階級に囚はれないで交はる」ことで（有馬頼寧「総ての人の握手」『愛に満てる世を望みて』第一号、一九二二年八月）、「同愛会は愛の坩堝である。来る者をすべて此の坩堝によつて融かし合ひ、愛と自由と平和とに満ちた愛の幸福な天地を創造せん」と宣言しました（「宣言」前掲『愛に満てる世を望みて』第一号）。

しかしその一方では、有馬が執筆した「同愛会趣意書」には、「露西亜帝国の覆滅が猶太人に対する積年の迫害に原因することを思ふて我々は大に反省しなければならないと思ひます。二百万に余る特殊部落の人々に対し今にして何等かの方法を講ずるに非れば悔を後に残すことがないとはいはれませぬ」と、本音をのぞかせていました。同愛会には、革命から皇室を守り、華族を守るという治安対策的側面と、そのために、キリスト教の隣人愛による融和を説くという宗教的側面が共存していたのです。

こうして結成された同愛会は東京や千葉、埼玉などの被差別部落に支部を組織していきますが、活動は、愛による融和を説く有馬の講演と機関誌の発行が中心でした。こうした活動資金には、有馬家の資産が投入されました。しかし、有馬はすでに同情園、玉姫小学校、信愛学院などの事業に多額の有馬家の資産を注ぎ込んできました。さらに同愛会にも資産を費やすことに対して、有馬家の旧臣の間から異議が唱えられます。有馬家の相談人であった枢密顧問官倉富勇三郎らは「頼寧ガ過激ナル言行ヲ慎ムベキコト」を強く求め（「倉富勇三郎日記」一九二一年一二月一一日の条）、内務省警保局長湯地幸平も、有馬の言動には「幾分注意シ居ル模様」でした（「倉富勇三郎日記」一九二二年三月六日の条）。こうした、有馬の言動をめぐる倉富らとの対立は、佐野眞一『枢密院議長の日記』（講談社、二〇〇七年）に詳しく記されています。

しかし、宮内大臣牧野伸顕《のぶあき》は、むしろ、有馬が社会問題にかかわることについて「貴族社会の人がそうした仕事にたずさわるのは望ましい」と判断し、財界人らを集めて同愛会への援助を行うことになりました（有馬頼寧前掲、『七十年の回想』）。

これが「有馬頼寧氏後援会」で、渋沢栄一、岩崎小弥太《こやた》、三井八郎右衛門、大橋新太郎、和田豊治、団琢磨、郷《ごう》誠之助ら錚々《そうそう》たる財界人が名を連ね、一九二三年から三年間、毎年三万円を有馬に寄付することが約束され、これが同愛会の主たる活動資金となりました（有馬頼寧『ひとりごと』私家版、一九五七年)。援助期間はのちに四年間に延長されますが、逆に言えば、この援助が打ち切られたら、同愛会は活動を縮小するか、もしくは解散せざるを得なくなります。同愛会の活動にはこうした大きな制約があったのです。

そうした制約のなかで、有馬は同愛会の活動に奔走し、さらには、一九二五年には全国の府県レベルの融和団体などを結集して全国融和連盟を結成し、部落問題の解決のために年額三〇〇万円以上の国家予算を一〇カ年以上継続することを求める国策確立運動に着手するとともに、衆議院議員に当選すると衆議院、貴族院の両院議員による超党派の融和問題研究会を組織して、国策確立運動の実現に努めました。

そして、全国水平社に対しても「水平社の掲げて居る綱領と云ふものは、水平社の人達のみが守る可き綱領では無」く、「人類全体の守らねばならぬ事」であると主張し、水平社を支持する姿勢を明確にしました(有馬頼寧「融和運動に就て」『青和』第一四号、一九二六年六月)。有馬はさらに、「「人間は尊敬すべきものだ」といふ水平社の主張に私は教へられた。私達の今迄唱へて来た愛には尊敬を伴つて居なかつた」と反省し、「同愛会趣意書」に治安対策的なことを書いたことの誤りを認め、「同愛会の精神としては唯反省あるのみ」と言い切るに至ります(有馬頼寧「同愛会の趣旨に就て」『同愛』第六号、一九二三年八月)。有馬は、水平社主催の講演会にも出講しています。

さらに、有馬は全国水平社の幹部にも資金を提供しています。一九二四年一月一七日の日記に、水平社の栗須七郎、下阪正英から「水平社の幹部の人達が金を得てそれで私慾を充すのはけしからぬ」と抗議され、「金を要求された時ニ出さぬのは自分の良心が許さぬ」と弁明したことが記されています。

このように、有馬は多彩に部落問題に取り組みますが、一九二七年に大きな転機を迎えます。父頼萬が死去し、有馬は伯爵を襲爵し、それにより衆議院議員の資格を失います。前年には有馬頼寧後援会の寄付も終了していました。襲爵を機に、有馬は同愛会の活動をはじめ社会活動から身を退くことにしました。同愛会も全国融和連盟も解散し、融和運動は、国本社を主宰する平沼騏一郎《きいちろう》を会長に頂き、「建国の精神」による融和を説く中央融和事業協会のもとに統合されていきます。融和運動の指導者が有馬から平沼に代わりました。まさに、融和運動の理念が「民本」から「国本」に大きく変質させられました。

有馬は、中央融和事業協会の理事に就任しますが、以後、めだった活動はほとんどしていません。戦時下に融和運動と水平社運動の統合が進んだ際、その仲介の労を執りますが、部落問題との取り組みの表舞台には登場しませんでした。

※有馬頼寧の日記については、尚友倶楽部・伊藤隆編『有馬頼寧日記』第一巻〜第五巻（山川出版

社、一九九七年~二〇〇三年)、倉富勇三郎の日記については、倉富勇三郎日記研究会編『倉富勇三郎日記』第一巻~第三巻(国書刊行会、二〇一〇年~二〇一五年)が刊行されています。なお、有馬頼寧の日記については、黒川みどり・藤野豊「有馬頼寧日記」(『部落問題研究』第八六輯~第一〇八輯、一九八六年二月~一九九〇年一一月)に依拠しました。

参考文献

秋定嘉和『近代日本の水平運動と融和運動』部落解放・人権研究所、二〇〇六年
後藤致人「大正期華族の危機意識と会合—有馬頼寧の社会事業と政治活動」(『歴史』第八八号、一九九七年四月)
白石正明「有馬頼寧小論—『蛙の聲』を中心に」(『佐賀部落解放研究所紀要』第二二号、二〇〇五年三月)
白石正明「有馬頼寧と日本教育者協会」(『佐賀大学文化教育学部研究論文集』第一〇巻第一号、二〇〇五年九月)
野島義敬「「革新華族」の政治進出—有馬頼寧の総選挙立候補について」(『日本歴史』第七四九号、二〇一〇年一〇月)
野島義敬「大正・昭和期における有馬頼寧と「旧藩地」人脈の形成」(『九州史学』第一五九号、二〇一一年九月)

藤原権太郎——全国水平社九州連合会の活動家

ふじわら けんたろう（一八九三〜一九八九）

関 儀久

一 経歴と特徴

藤原権太郎は、全国水平社九州連合会・福岡県連合会の活動家である。高松差別裁判糾弾闘争・西脇差別糾弾闘争・赤穂松茸山入会権闘争・佐藤中将糾弾闘争などの糾弾闘争の支援に加わったのち、福岡県議会議員に立候補、二度の落選を経て繰り上げ当選を果たした。県会では、無産者的観点から地方税の改正・教育の機会均等・地方改善事業の充実などに奮闘し、その任期後は、松本治一郎（一八八七〜一九六六）の政治的秘書として、松本の政治・議会活動によりそって行動した。

運動と政治の両側面で解放の父・松本を支えたのは誰かと考えたとき、藤原は間違いなく最初に名前をあげるべき人物の一人である。しかし、藤原に関する研究は蓄積が薄く、その人物像は明らかになっていないところが多い。なによりも大きな課題は、その基礎的作業である史料発掘が十分に行われていないという現状である。

本稿では、藤原が松本に宛てた数点の書簡を手がかりに、水平運動の渦中において、部落民と非部落民の境界に身を置いた藤原の行動やその心情への接近を試みる。藤原の水平運動との出会い、糾弾闘争への意気込みと松本治一郎への誓い、福岡県議会での活動にクローズアップして、藤原が水平運動に込めた思いとは何であったのか、また、運動を通して、どのような社会の実現をめざしたのかを紹介したい。

藤原権太郎

部落解放運動に情念を燃やすなかで、非部落民はときに自分を部落民に「同化」させることを欲望する。藤原もまた糾弾の渦中において部落民を「兄弟」と呼び、「同化」を志向する時期があった。しかし、藤原の社会運動家としての主体形成の過程には、部落民ではないからこそ、非部落民衆を目覚めさせなければならないという真摯な思いが存在した。本稿では、藤原が持つこのような側面を可能な限り照射する。

二　水平運動との出会い

藤原権太郎は一八九三年八月二七日に佐賀県小城郡北多久村岸川（現在の多久市）に生まれた。一九一二年三月に佐賀師範学校を卒業して、県内杵《き》島《しま》郡・白石尋常小学校に勤務、次に軍艦島で知られる長崎県西臼《うす》杵《き》郡端島尋常小学校に勤務したあと、福岡市大浜尋常小学校で一五年間にわたり教員を務めた。

博多港に隣接する大浜地区は、福岡市内でコレラや腸チフスなどの感染症が発生すると、真っ先に危険箇所であると決めつけられる貧困層の集住地区であった。また、かつて柳町遊郭が存在したことに関係して娼《しょう》家《か》が立ち並び、石堂川の「川向こう」には、井元麟《りん》之《し》（一九〇五〜一九八四）が生まれた福岡市松原や松本治一郎が生まれた堅粕《かたかす》町金平が所在した。そうした意味でいうと、大浜地区の子どもたちやその親の生活環境は、被差別部落（部落）のそれに類似するものであった。福岡市の差別問題を縮図的に抱えた大浜地区において、藤原の社会に対する問題意識は鍛えられていったのである。

藤原が水平運動に最初に出会ったのは、松本治一郎の演説会であった。首藤卓茂《すどうたくも》が行った藤原の娘・タツエからの聞き取りによれば、「父は糾弾演説会で松本治一郎の演説を聞いて、その発言を注意したことで、松本との出会いがあり、そのご松本の強い誘いがあって、学校を辞め水平運動に入った。昭和六年か七年のころです」（首藤卓茂、二〇〇〇年）とされる。

しかし、藤原が学校を辞めて水平運動に参加した時期については、検討の余地を残している。井元麟之の証言では、全国水平社が高松差別裁判糾弾闘争を繰り広げる一九三三年五月か六月頃まで、藤原は現職の小学校教員であり、水平運動が何であるかもよく知らなかったと言う。

松本さんの知り合いで、この人も水平社とは関係がなかったんですよ。高松事件の起こる直前、五月か六月ころ、藤原さんの仕事先で差別事件があったんです。博多駅の裏のほうになるんだが、新しくできる小学校の通学路に部落があるというので反対した連中がいるんです。暴力団のような連中ですよ。藤原さんがそのことを知って、松本さんにいうわけです。そこで、ぼくが糾弾にいくことになったんだけれど、当時、藤原さんは、水平社がどんな組織か知らなかったというんです。松本さんの子分の集団とでも思ってたらしい。糾弾の打ち合わせにいったんですが、彼とはそのときが初対面、そのころぼくは二十八、藤原さんは、ぼくより十か十二ほど年上です。だから、なんだ、この若僧って思ったんでしょうね。ぼくは、いまよりも痩せておって貧相だしね。こんな若僧が何しにきたんだと。相手は暴力団のような連中ですしね。なかなか手強いですよってい って、とてもお前の手におえるかっていう態度なんだな（笑）。藤原さんは、絶対に相手が差別したことを認めないと思っていた。それでぼくが追いつめて白状させたんです。それでびっくりしたんですよ、あんな連中を相手にしたって。そういうことで水平社の力を知るわけです。（井元麟之「身分的共通感情がたたかう原動力だった」『部落解放』第一九八号、一九八三年）

後述する香川県警の対応を勘案すると、井元の証言が事実に近いように思われる。ただ、最初に松本治一郎、次に井元麟之との出会いがあり、藤原が水平運動の「熱」と「光」に強い影響を受けたという経緯に間違いはないだろう。そして、その出会いが水平運動最大の闘争、高松差別裁判糾弾闘争の直前であったことに藤原の人生の綾《あや》があった。水平運動に加入したばかりで運動の活動歴がほとんどなかった藤原は、それがゆえに、かえってその渦中で重要な役割を演じるという不思議な運命をたどることになった。

三　高松差別裁判糾弾闘争への意気込み

高松差別裁判糾弾闘争は、部落民であると告げずに結婚したことを結婚誘拐罪として判決した裁判に対する全国水平社最大の闘争である。事件の発端は、好きで一緒になった女性と部落出身の青年に対し、女性の父が警察に捜索願を出し、青年とその兄弟が誘拐罪で検挙されたことである。一九三三年五月二五日に初公判が行われ、検事・白水克起は「被告の二人は特殊部落民でありながら身分を隠した」との論告を行い、兄弟二人に対し、懲役一年六カ月を求刑した。これに全国水平社馬場支部や香川県連は抗議したが、六月三日の判決は、「特殊部落」という差別語こそ使わなかったものの、結婚誘拐罪であることを認定し、二人は懲役一年および一〇カ月を科せられた。

全国水平社総本部が事態をキャッチしたのは六月二〇日である。六月二四日に吉竹浩太郎、同二七日に井元麟之と北原泰作、七月一日に藤原権太郎をそれぞれ香川県に派遣する。総本部の指導で闘争は拡大の様相を呈したが、このことを警戒した香川県警は、七月二日、治安を乱すという理由で四人に県外追放を命じた。しかし、このとき藤原のみ追放を免れたのである。「水平社に関心をもった直後で、むこうのリストにも載ってなかったから。われわれも、なんとか一人だけは残さないといけないということで、水平社とは関係ないといいはったんだ」（井元麟之、一九八三年）というように、運動家としての活動歴がない藤原は、そのことが理由でひとり香川に残ることに成功した。

部落出身でない小学校教員の藤原が水平運動に飛び込み、さらには高松にひとり残って水平運動の灯を点火して歩くことには並々ならぬ覚悟が必要だったであろう。七月一八日、藤原が松本に宛てた書簡には、その覚悟の一端が次のように述べられている（句読点は筆者が付け加えた。これ以後の引用史料も同様である）。

九州ノ名ヲ、否、寧ロ全水ノ名ヲ、光輝アラシメ申スベクトノ、念願以外ニ何物モ無ク、今日迄活動中ニ候、微力ニハ候モ、一念凝ツテハ三百万カト、相成ルベク候、当香川県ハ、小生当地ニ生存シ居ル間ハ、御安心下サル様、呉々モ御願申候、大言壮語ニテハ決シテ無之候、熱ト度胸ニテ死守！　覚悟ニハ、当ル者皆タヂ〳〵ノ有様ニ御座候、昨夜観音寺、今夜ヨリ二晩ハ豊北ノ川津、ソレカラ後四日程カ、レバ、全部落（香川県）相スミ申候（『松本治一郎旧蔵資料（仮）』史料番号一三六六）

九州水平社および全国水平社の名を光輝かせることだけを念願に、これまで活動してきました。微力ではありますが、心を合わせれば三百万の力となります。香川県は私がいる間は、安心してください。大言壮語ではありません。熱と度胸で死守します。私の覚悟には、相対する者みなタジタジです。ほどなく香川県内の部落をすべてまわり終えます。

県外追放を命じられた井元や吉竹が香川に戻ってくるのは、井元が七月二四日、吉竹が同二八日であった。井元は、この期間の藤原の働きについて、「ぼくらが追放されたあと、藤原さんは県下の部落に入って演説をやってまわってるんです。それが、ひじょうに効果的で、問題が香川県下にひろがった」「もともとは学校の先生か何かですよ。だから演説はうまい。そのころの演説というのは、みんな怒鳴り演説だろ……（中略）……ところが藤原さんは違う。部落の人にも受けたんだ。だから松本さんの信用も得ていた。松本さんも、高松事件を大事件とみていたんでしょうね。それで藤原さんも送り込んだ」（井元麟之、一九八三年）と証言している。最初は活動歴のない藤原の力量を図りかねていた井元も、香川県内での働きぶりを見て、その力量を認めるとともに、松本の慧眼の鋭さをあらためて感じたのである。

藤原は水平運動をどのように自己の問題として位置づけていたのか。八月七日、藤原が松本に送った書簡には、このことに関係する次のような記述が見られる。なお、この書簡の別の箇所には、高松闘争のあり方が、水平運動の拡大に力点を置き、差別裁判そのものへの問題追及が置き去りになっているのではないかという問題意識も綴《つづ》られているが、ここでふれることはよす。

私ハ此ノ社会カラ不当ナ差別ヲ（精神差別モ）、此ノ裁判所問題ヲ通ジテ、徹底的ニトリ除ケルコトニ主眼ヲ置イテ、取扱ヒタイト思ツテ居リマス。当然ノ結果トシテ、アセラズトモ必ズ兄弟ノ団結ハ強メラレ、強イズトモ全水ノ組織ニ、自ラ進ンデ兄弟一同ガ、働ラキカケテ来ル結果ヲ生ム様ニナルト信ジテ居マス、全水ノ水平運動ニハ、当然ノ結果トシテ（此ノ高松裁判所問題ノ取扱方次第デ―是一本調子デ進ンデ）、世ノ宗教家・教育家、否、指導階級共ガ風ヲ望ンデ加盟（心カラ）シタイト願フ様ニ迄、気運ヲ強メタイト思ツテ居マシタ。少クトモ香川県一円ニ於テハ是非共ソコ迄モクテキシテ居マシタ（『松本治一郎旧蔵史料（仮）』史料番号六五〇）

私は高松闘争を通じて、この社会から心理的差別も含めた不当な差別を徹底的になくしたいと思います。高松差別裁判のおかしさをはっきりと発信していけば、「兄弟」の団結は強められ、水平運動にも進んで参加するようになると信じています。私は、宗教家・教育家ばかりでなく指導階級の者までそのおかしさに気づき、水平運動に加盟したいと思うようになるまで、高松差別裁判のおかしさを訴えていきたいと思っています。

藤原がめざしている社会は、心理的差別を含めた不当な差別が徹底的になくなった社会であった。そして、その実現のために非部落民である宗教家・教育家それから指導階級の者たちが、自ら進んで水平社に加盟するという段階にまで目覚めさせていきたいと考えていた。藤原が純粋に差別への憤怒に胸を振るわせる部落民のひとりであれば、糾弾闘争の渦中において、このように非部落民の水平運動への加盟をめざすという到達地点を思い浮かべることはできただろうか。このような展望を抱くことができたのは、部落民を「兄弟」と呼び、部落民への「同化」を志向しながらも、藤原が非部落民の元小学校教員であったことに大きく関係している。

四　請願行進隊からの離脱と松本治一郎への誓い

高松差別裁判取消請願隊は、福岡から東京まで徒歩で行進し、行く先々で高松差別裁判の真相を訴える演説を重ねながら、募金や署名を集めるという取り組みであり、八月二八日の全国部落代表者会議でその実施が決定された。しかし、徒歩による請願行進は内務省によって禁止された。そこで、やむなく徒歩での上京はあきらめ、汽車で行くことにし、一〇月一日午後二時一分、万雷の拍手のなか博多駅を出発した。総指揮官は松本、藤原は分隊長を務めた。

請願隊は、三日山口県、四日広島県、六日岡山県、七日兵庫県を経て、九日午後四時一〇分大阪駅に到着する。ここに至るまでに、請願隊は沿線各地で熱烈な歓迎を受け、彼らが通過する駅へは多くの部落民が駆け付け、一般労働者も声援を送った。

しかし、藤原は大阪に到着したその日の午後八時四六分の汽車に乗り、ひとり福岡へと帰還する。次に掲げるのは、そのことを松本に願い出た書簡の一部である。

ドウシテモ、此ノ侭東京迄続ケル事ハ、出来ナイ様デス。二三日静養シタ位デハ、虚弱ハ回復シサウデモナシ（中途デ病ム事、私ノ一身上ノ立場カラノ、卑怯ナ気持カラデハアリマセヌ）、此ノ大阪迄スラ、其ノ覚悟ハシテ来テ居マシタ。併シ、今度ハ引返シテ、静養シツヽ指揮スル事ソノ方モ、大切ダト思ヒマス。私ハ例へ此ノ後、私ガ如何ナル境遇ノ変化ガアロウトモ、水平運動ハ死ヌ迄断ジテ中絶シナイ、確ナル信念ヲ固メテ居マス。大阪迄ハ、私ガ加ハル必要アリト信ジマシタノデ、無理ニ参リマシタガ、此所カラハ、適当ナ隊ノ編成モ出来ル情勢ニアルシ、今夜八・四六分大阪発デ帰ラシテ戴キマス。屹度、帰博シテ其ノ償ヒヲ致シマス。無責任ナ様ニ思ハレマセウガ、ドウゾ今後ノ私ノ活動ヲ誓ツテ、今度ハ我儘ヲ許シテ下サイ（『松本治一郎旧蔵資料（仮）』史料番号九九七）

私の体調では東京までの行進を続けることはどうしてもできない、大阪までは私が必要であると思い、無理を押して参加してきたが、大阪からは新たに隊の編成も行われるので、私は今夜の列車で福岡に帰還することにすると述べ、藤原が松本に対して請願行進隊からの離脱を願い出ていることがわかる。この書簡の末尾には、七時一〇分と記述があり、大阪に到着後、数時間悩み、離脱の決心を固めたのだろう。

注目するべき点は、「中途デ病ム事、私ノ一身上ノ立場カラノ、卑怯ナ気持カラデハアリマセヌ」というように、松本に卑怯な気持ちから離脱したのではないと強調していることである。そして、そのような気持ちでないことを表わすために、「私ハ例へ此ノ後、私ガ如何ナル境遇ノ変化ガアロウトモ、水平運動ハ死ヌ迄断ジテ中絶シナイ、確ナル信念ヲ固メテ居マス」と述べ、生涯にわたり水平運動に身を投じる覚悟があることを示した。また、別の箇所では、「屹度、帰博シテ其ノ償ヒヲ致シマス。無責任ナ様ニ思ハレマセウガ、ドウゾ今後ノ私ノ活動ヲ誓ツテ、今度ハ我儘ヲ許シテ下サイ」と言うように、今後の水平運動における自身の活動に誓いを立てたのである。

五　福岡県議会議員への立候補

高松闘争後の一一月二〇日、福岡県早良郡（現在の福岡市内西部）で西脇差別糾弾闘争が起こり、藤原は全九州連合会常任の吉竹浩太郎・岩田重蔵らとともに西脇に入る。このとき、西脇の青年数名とともに三人は検挙され、藤原は初めて拘留を経験した。のちに藤原は、県議会で警察官の素質向上を求めた際、「私モ唯社会運動ヲシテ居ツタト云フコトダケデ、何ノ理由モナク三日間生レテ初メテ拘留サレタ、……（中略）……其ノ時モ帯ヲ解ケ、品物ヲ渡セト云フ風デ、薬ヲ飲ムカラ水ヲ呉レト云ツテモ呉レナイ」（『昭和十一年福岡縣通常縣会議録』）と語っている。西脇差別糾弾闘争は、翌年再燃し、青年の死者を出すといった悲劇的な結末を迎えるが、郡内の部落を結び付け、運動を大衆的に広げるという点で重要な意味を持ったとされる。

その後、藤原は水平社の九州協議会で組織宣伝部長、翌年の九州連合拡大委員会では同部長になった。また全国水平社一二回大会後には、松本治一郎・花山清・井元麟之とともに福岡県から選出された中央委員四名のうちのひとりとなった。その一方で、一九三四年に赤穂松茸山入会権闘争、翌一九三五年には佐藤中将糾弾闘争の支援に加わった。

一九三五年一月、藤原は県会議員補欠選挙に早良区から立候補する。早良郡水平社は、「我々貧しき百姓、圧迫された兄弟の代表藤原権太郎は、現に全水中央委員として、九州連合会の常任理事として、被圧迫部落大衆解放戦の第一線に立って勇敢に闘っている猛者だ。同君は佐賀師範より、大浜小学校の首席訓導となり、身を引いて水平社運動に入るや、その意気と熱と理論はまさに被圧迫勤労無産大衆の推進機である」(「全国水平社九州連合会ニュース」一九三五年一月二六日)と訴え、全面的に藤原を支援したが、わずかの差で落選した。同年九月、今度は福岡市区から県会議員に立候補したが、このときも次点で落選、翌年三月の繰り上げ当選によって、ようやく県会議員となった。なお、この選挙では嘉穂郡から花山清、早良郡から宮本楽次郎を当選させているので、水平運動からは三名の議員を出したことになる。

次に見るのは、福岡市区から立候補した際の藤原による立候補表明書の一部である。注目するべき点は、「既成政治勢力」を打破する「新興政治勢力の中の諸君」として、「中小工業者」「俸給生活者」「筋肉労働者」「農民」ばかりでなく、「目覚めたられたる一切の知識階級諸賢」を加えていることである。

申すまでもなく政治が貧富の差によつて、強弱の差によつて、その恩恵に厚薄を生ずる様な政策であつてはならないと私は信じます。だから今日の非常難局、即ち国民大衆の生活不安定を生んだといふ事実に私は政治的不満を禁ずることが出来ないのでありす、今日の如き社会情勢を依つて生ぜしめた既成政治勢力に其の責任を問ふべきではありますが、其の打開について多くの期待をつなぐ事は出来ないと思ひます、此の難局打開の最適任者は、即ち此の難局を生んだ旧来の政治政策に不満不安を感ぜらるゝであろうところの、中小工業者、俸給生活者、筋肉労働者、農民、並に目覚められたる一切の知識階級諸賢によつて結成さるべき新興政治勢力の中の諸君であらる、事を信してやみません。(『松本治一郎旧蔵資料(仮)』史料番号一七九〇)

前述したように、藤原は不当な差別が徹底的になくなった社会の実現のために非部落民である宗教家・教育家それから指導階級の者までが社会の問題に目覚め、自ら進んで水平社に加盟する段階をめざしていた。そのような段階をめざす藤原にとって、「目覚められたる一切の知識階級諸賢」は重要な政治的同志であり、やや飛躍した言い方をすれば、このような同志を増やすことこそが、藤原にとっての差別との闘いであった。

六　福岡県議会での活動

福岡県議会議員となった藤原は、勤労無産大衆を代表して、政治の恩恵が上には厚く、下には薄いという現状を是正することに奮闘した。一九三七年一二月の県会では、そのような視点から予算の修正を求めたが認められず、同志の花山清と議場を退場するという一幕もあった。ここでは一九三六年から一九三九年にかけての議員活動のなかで、藤原が行った質問や批判、改善意見の主なものを、原文の表現をなるべく再現させながら見ることにする。

①予算編成

勤労無産大衆の気持ちを先鋭化させない方針で編成する必要がある。その生活を圧迫する自転車税・荷車税・牛馬税は廃止するべきである。（昭和一二年一一月二六日）

②教育の機会均等

勤労大衆子弟は大学に行くことができないため、いつまでも政治に進出することができない。このことが二・二六事件を引き起こした社会の欠陥である。県は独自の立場

で教育の機会均等を図り、勤労大衆が政治に割り込んでいける条件を整えるべきである。（昭和一一年一二月二日）

③警察官の素質向上

警察官のなかには、民衆を見れば被疑者であるかのような態度をとり、罪が確定する前から罪人扱いする者がいる。そのため人権蹂躙のような重大な問題が発生する。（昭和一一年一二月二日）

拘留者には家族に通知する権利があるが、勤労無産大衆の我々にはその権利を行使させず、そのような権利があることを知らせることもない。（昭和一一年一二月五日）

④応召軍人遺家族の軍事扶助

軍事扶助は、応召軍人遺家族が国家より与えられた権利であるが、地方ではそれを辞退することが国家への忠誠であると吹聴されている。（昭和一二年一一月二六日）

軍人の後顧の憂いをなからしめるために、内縁の妻子のように、公法上の家族でない者に対しても、県独自の立場で扶助を行うべきである。（昭和一二年一一月二六日）

⑤水平運動に対する方針

融和事業団体・親善会になぜ補助費を与えるのか。水平運動では改善費が取れないが、親善会なら改善費が取れるという宣伝を県当局は意図しているのではないか。（昭和

一一年一二月二日）

⑥救護法の見直し

救護法は、僅かの生活費を支給する代わりに、公民権を剥奪する。これは奪うものが大きすぎるのではないか。落伍者は政治や社会制度の欠陥による。県民を代表する長官は、この件について、政府当局にどのような態度をとって行くのか。（昭和一一年一二月九日）

藤原の議会での発言内容を見ると、気づくことが二つある。一つは、その政策が一九三六年二月に衆議院議員に当選した松本の政策に通じるものであること。もう一つは、県知事や県当局に社会的弱者の圧迫された生活実態を知らしめ、中央政府の政策および制度の矛盾に向き合わせようとしていることである。

まず松本の政策との関連で言うと、特に顕著なのが、応召軍人遺家族の軍事扶助である。一九三七年二月二四日、第七〇回帝国議会において、松本は軍事救護法中改正法律案に関する質疑を行った。そのなかで、「兵役義務を遂行することを直接の原因として発生する、本人或いは家族の生活困難であるから、それは国家の名に於て当然なすべき義務であり、且又被救助者が当然の権利として受け得るものでなくてはならぬ」（部落解放同盟中央本部編、一九七二年）と述べ、軍事扶助は国家より与えられた権利であるから、それを辞退することが国家への忠誠であるとする風潮はおかしいと意見した。また、松本は福岡市吉塚の自宅に「応召出征兵士家族相談所」を設け、公法上の家族でない者がいつでも生活の相談が行える窓口を用意し、同年一〇月一一日には『応召兵士家族救護活動案内』を出版して、一般民衆に権利としての軍事扶助の論理をわかりやすく伝えた。

次に藤原の県知事および県当局への働きかけを見ると、勤労無産大衆の政治進出を推し進める教育の機会均等や軍事扶助、救護法による落伍者の救済などについて、最初は県独自のやり方で政治の恩恵を社会的弱者に及ぼすことを要求しながらも、最終的には中央政府の政策および制度の矛盾に対峙させようと働きかけていることがわかる。県知事および県当局が藤原の訴えを聞き入れ、社会的弱者を圧迫する社会構造のおかしさに目覚めたとき、地方行政は中央政府の矛盾に向き合わざるを得なくなる。藤原の政治・議会活動は、このような彼方の到達地点を心に描き、「無産階級」の声を代弁することを通して、「支配階級」の人権に対する意識を目覚めさせようとするものであった。

松本治一郎や井元麟之との出会いをきっかけに、水平運動に専念するようになった藤原にも、部落民を「兄弟」と呼び、部落民との「同化」を志向する時期もあった。しかし、藤原の社会運動家としての主体形成の過程には、部落民ではないからこそ、非部落民衆である宗教家・教育家それから指導階級を目覚めさせる役割を果たさなければならないという思いが存在した。そして、福岡県議会議員となり政治・議会活動を行うようになると、藤原の社会運動家としての特色は、松本の政策と連動して行動しながら、地方行政を担う県知事や県当局の人権に対する意識を目覚めさせ、中央政府の政策および制度の矛盾と向き合わせようと奮闘する方向に発揮されていった。

参考文献

井元麟之「身分的共通感情がたたかう原動力だった」(『部落解放』第一九八号、一九八三年六月)
首藤卓茂「全水九州連合会の活動家・藤原権太郎をめぐって―附・南部露庵の紹介」(佐賀県部落解放研究所紀要『部落史研究』第一七号、二〇〇〇年三月)
渡部徹・秋定喜和『部落問題・水平運動資料集成』補巻二、三一書房、一九七八年
関儀久「松本治一郎旧蔵資料(仮)紹介(二)―藤原権太郎から松本治一郎への書簡」(公益社団法人福岡県人権研究所『リベラシオン―人権ふくおか』第一八一号、二〇二一年三月)
部落解放同盟中央本部編『解放の父 松本治一郎』部落解放同盟中央出版局、一九七二年

植木徹之助（徹誠）——人間みな平等の信念を貫く

うえき てつのすけ（てつじょう）（一八九五～一九七八）

川村善二郎

一　植木徹之助との出会い

私（一九二八～）は一九四八年、大学に入って間もなく、地元の青年会の活動を共にした植木眞澄《ますみ》（一九二八～二〇一三）と知り合い、一九五三年に結婚した。その縁で私は彼女の両親、彫金の仕事に携わっていた植木徹之助（一八九五～一九七八）・いさほ（一九〇二～一九五三）夫妻から、ファシズムと戦争の時代に、三重県で部落問題にかかわり、部落解放運動に尽力したこと、「戦争は集団殺人」と批判したことなど、多くの体験を聞く機会に恵まれた。

植木夫妻の語る話は、私には驚くことばかりだった。島崎藤村の『破戒』に描かれた部落問題は、明治期の長野県での話だが、植木夫妻のかかわった部落解放運動は、つい最近の三重県のことではないか！　さらに「挙国一致」が叫ばれた戦争の最中に、戦争を批判しつづけた人がいた！　いま私の目の前にいる植木徹之助はそういう人なのだ！

私は植木夫妻の生き方・考え方に感動はしたが、しかし夫妻の語る部落問題に関心を抱き、これを自らの課題として受けとめようとはしなかった。東京育ちのせいか、受けとめる素地がなかった。せっかく大学に入り、歴史学を志したのに、残念なことであった。

二　日本近代の歴史に学ぶ道へ

アジア・太平洋戦争（一九三一～一九四五）の時代に、私は小学校（一九三五～四一）・中学校（一九四一～四五）で大日本帝国憲法（一八八九）と教育勅語（一八九〇）にもとづく教育を受けて、「国体（忠君愛国）」と「聖戦（アジア解放）」を信ずる軍国少年に育てられた。

戦局が日本に不利と感じてからも、私は「神国必勝」を疑おうとはしなかったので、日本が一九四五年にポツダム宣言（戦争終結の条件）を受諾して連合国に降伏したときには、「これで死なずにすむ」とホッとはしたが、受けた衝撃は大きかった。さらに敗戦後、ポツダム宣言にもとづく国内体制の改革（いわゆる民主化）が進められて、戦争中に私が信じていたことが、次つぎと覆されたこともショックだった。

一九四六〜一九四七年に、大日本帝国憲法が改められ、日本国憲法が制定された。そして新たに教育基本法が公布・施行された（教育勅語は一九四八年に廃止）。この時期に、私はようやく戦争時代の体験を反省して、日本は「どうして侵略戦争を行ったのか？　なぜ平和を守ることができなかったのか？」と疑問を抱くようになった。この戦争と平和をめぐる課題について考えるために、私は歴史学を、特に日本近代の歴史に学ぶ道を志した。

三　日本近代の歴史の教訓

私は戦争と平和を課題として日本近代の歴史を再検討するうちに、日本がほぼ一〇年ごとに繰り返した侵略戦争——日清戦争（一八九四）、日露戦争（一九〇四）、第一次世界大戦（一九一四）、アジア・太平洋戦争（一九三一）——の時代には、いつも国民の生活が苦しくなり、国民の自由が抑えられ、国民の生命が奪われていた実態を知り、戦争は国民の基本的人権（人間平等、生命・自由・幸福追求の権利）を蹂躙《じゅうりん》する最たることだと思うようになった。

そこで私は、あらためて基本的人権の視点から近代日本の国家・社会を見直してみた。すると大日本帝国憲法が立憲主義に反しており、国民（当時は臣民）の権利を軽侮しているのをはじめ、思想・職業・貧困などにかかわるいろいろな人権侵害（差別）や、障碍《しょうがい》者・女性・

子ども・部落出身者・朝鮮人などなどに対するさまざまの差別（人権侵害）が、社会問題として存在し、生きつづけていた。

近代日本の国家・社会における基本的人権のこのような状況について、国民の多くが疑問も批判も抱かなかったことが、日本の国と国民をして、他国の主権を侵し、他国民の人権を蹂躙する侵略戦争への道を歩ませた。戦争の被害者である国民は同時に加害者（協力者）にもなってしまった。自らに対する人権侵害に疑問も批判も持てない国民が、日本の他国・他国民に対する侵略と人権蹂躙の戦争に疑問も批判も持てるはずはない。基本的人権の尊重は平和を擁護する重要な土台となるのである。

四　部落問題を自らの課題に

私はようやく自らの生き方と歴史研究の課題として、人権（差別）問題の一つである部落問題に取り組む決心をした。一九六一年の秋、私は植木徹之助に「部落問題の話をもう一度」と請うて、あらためて体験と意見を語ってもらった。植木はそのとき、かつて部落差別撤廃の闘争を共に闘った三重県の活動家の中西長次郎（一八九九〜一九七九）が、部落解放国策樹立要求運動に参加して東京に来ていて、中西と闘争の総括について相談中であった。

植木徹誠（右）と植木和三郎
栗谷の常念寺 1933 年

植木は私に「善ちゃん、この闘争の調査に取り組むか？」と打診をした。願ってもない話なので、私はその場ですぐに「ぜひやらせて下さい」とお願いをした。やる気を見せた私に、植木はこう言った。「自分は部落出身者ではないなど決して思うなよ。自分は違うと思うことから部落差別は始まるのだ」。

思いがけない植木の言葉に私は驚いた。これは他のどの人権（差別）問題についても言えることだ。植木徹之助はこれから部落問題に取り組むと言う未熟な私に、「部落出身者だ、非出身者だと、こだわるだけではダメだ。人間はみな平等であるとの自覚をしっかり持って取り組まないと、部落問題はとても理解できないよ」と、教え諭したのであろう。

私は植木の言葉を噛《か》みしめて肝に銘じた。

五　御木本貴金属工場の彫金職人

植木徹之助は一八九五年一月二一日、三重県度会《わたらい》郡大湊町（現在は伊勢市大湊町）で材木商・回漕《かいそう》業を営む孫六屋、植木和三郎（一八六三〜一九四六）・まち（一八六五〜一九四四）夫妻の二男に生まれた。五男六女の兄弟姉妹の上から五人目であった。

大湊は伊勢湾の南部、宮川の河口辺に開けた港町で、中世からの商業・海運の中心地として、自由都市の歴史がある。この郷土の輝かしい伝統と、山と川と海に生きる孫六屋の家業とが、植木徹之助の進取の気性を育てたと思われる。

植木徹之助は一九〇九年の春、大湊小学校の高等科を卒業すると、東京市麹町区内幸町（現在は東京都千代田区）の御木本真珠店付属の金細工工場（のち御木本貴金属工場と改称）に就職し、芝浦の工芸学校（夜学）に通って、彫金などの技術を習得した。

この就職は御木本幸吉（一八五八〜一九五四）が母方の親戚にあたる関係からでもあった。植木は先輩から教えられたままに細工することを嫌って、いつも何か創意工夫を加えてみなければ気がすまなかった。「しからばどうする」が彼の生涯の口ぐせであった。

六　デモクラシーと労資協調

第一次世界大戦（一九一四～一九一八）が終結する頃、日本ではデモクラシーの風潮が盛んになり、自由主義・進歩主義・民本主義の主張が労働運動にも影響して、賃金の引き上げ、一日八時間労働制、労働組合の承認などを要求する労働争議が、各地の職場で起こされた。

植木徹之助の働く御木本貴金属工場にも、このデモクラシーの風潮が押し寄せてきた。一九一九年二月一一日、全従業員が工場長の交代、経営の刷新、待遇の改善などの要求を掲げて、ストライキを決行したのである。経営者側は「全員解雇もやむなし」と強硬な態度であったが、従業員側の結束も固く、「工場経営はデモクラシーでなければダメだ！」と叫んで、ついにその要求をすべて認めさせた。

三月一日、御木本幸吉の実弟の斎藤信吉（一八七七～一九四五）が、新たに工場長に就任した。斎藤はただちに従業員から四名の委員を選出させて、労資協調による工場改革をはかった。植木徹之助も第二期の委員に選ばれて改革の推進に協力している。

斎藤信吉はさらに四月二日、「工場心得」を発表して、従業員に責任と義務の観念の重視、人格の尊重と正義・愛の観念の徹底、禁酒禁煙の実行を求めた。労働時間は一日九時間（のち八時間）に改め、毎月第一・第三日曜日を全休、第二・第四は半休に、のち毎日曜日を全休と決めた。また夏季の作業時間を午前のみとした。給与は週給制をとり、賞与も年二回、一回が四週分（一人平均約六〇円）に増額した。

こうして御木本貴金属工場の改革は、斎藤信吉工場長が思い切った改善を次つぎと行ったことが評価され、内務省から労資協調の模範工場として全国に紹介された。

七　人間みな平等の信念

御木本貴金属工場の改革の成功には、キリスト教の果たした役割が大きかった。斎藤信吉はキリスト教徒として、毎日曜日に自ら講話をつづけた。さらに六月一日には東京労働教会を設立し、外部からも講師を招いて、その講話を従業員に聞かせたのである。

招かれた講師は、吉野作造（一八七八〜一九三三、民本主義を提唱した政治学者）、北沢新次郎（一八八七〜一九八〇、経済学者）、山室軍平（一八七二〜一九四〇、救世軍士官・牧師）、本間俊平（一八七三〜一九四八、社会事業家・伝道者）、留岡幸助（一八六四〜一九三四、社会福祉の先駆者）、牧野虎次（一八七一〜一九六四、社会事業家・牧師）と、錚錚《そうそう》たる顔ぶれである。

斎藤信吉の努力は実って、年末に三十数人の従業員がキリスト教の洗礼を受けた。植木徹之助もまた、キリスト教の説く神の福音に魅力を感じ、人間の尊厳と自由・平等にめざめて受洗した。植木はその後、このときに抱いた人間みな平等の信念を貫いて生きた。

八　社会問題への関心

キリスト教の影響を受けた従業員に、さらに新しい影響を与えた講師が、もう一人いた。斎藤信吉が沖縄に在住していた頃に知り合った牧師の比嘉賀秀（静観《せいかん》、一八八七〜一九八五）である。比嘉は従業員の寄宿舎に半年ほど泊まり込んで説教に努めた。夕方、従業員と共に近くの皇居のほうへ散歩したときには、比嘉は「天皇がこんなに広い所に居るうちは、日本の国民は幸せになれない」などと語っていたという。

そして比嘉牧師は、神の福音を説くとともに、「君たちはあの世の幸せではなく、現在の世での幸せを求めよ。そのために、社会の現実をしっかり見つめよ」と説いた。この説教は、植木徹之助らの従業員に、生産者の自覚を促すとともに、現実の社会における人間の疎外と不平等に気づかせて、社会問題への関心を抱かせるきっかけとなった。

一九二一年の九月、大日本労働総同盟友愛会（労働組合の全国組織）が、日本労働学校を開設した。御木本貴金属工場の従業員のなかからも、植木徹之助ら数名がこれに参加して講義を聴いた。

植木の思い出話によると、彼は優秀な受講者だったらしく、「卒業」に際して表彰された。喜び勇んで寄宿舎に帰ると、まもなく所轄の警察署から呼び出された。「また褒められるのかな」と出頭したところ、日本労働学校に参加した動機・目的、そして授業内容などを、根掘り葉掘り聞かれたという。

私が植木に、「労働学校では講師は誰がどのような講義をしたのか？」と聞いてみると、たとえば明治期以来の社会主義者の堺利彦（一八七一〜一九三三）が、「世界を縦に割るとアメリカ・イギリス・日本などの国と国になるが、横に切ると、資本家と労働者という生産関係になる」と、きわめて解りやすい説明だったそうだ。

植木徹之助の二歳下の弟の植木保之助に、私はこの時期のことを聞いてみた。「若い頃に東京に行くと、兄貴は讃美歌を歌っていた。次に会ったときには『ちょっと出よう』と普通選挙要求の講演会に連れていかれた。その次には、労働歌を歌っていた」。植木徹之助の思想の変化が目に見えるような話であった。ちなみに植木保之助は、戦前・戦後の名古屋の港湾労働組合運動の活動家となり、愛知県労働組合評議会の副議長も務めた。

九　御木本幸吉に逆らう

御木本貴金属工場では毎朝、始業前に聖書を読み、讃美歌を歌い、祈祷《きとう》を捧げていた。一九二三年六月二六日、社会主義者の高尾平兵衛（一八九五〜一九二三）が、赤化防止団の行動に抗議して、団長の米村嘉一郎に射殺された。このとき、厳戒裡の葬儀に参加した従業員が、翌朝に、讃美歌の代わりに高尾追悼の歌の音頭をとったという。

東京労働教会の会員のなかには、すでに社会主義の影響を受けて、○○会（伏せ字の意見を持つ者の会という意味）と称する一〇人くらいの思想グループも生まれ、外部のメーデーなど労働運動の集会や思想団体の集まりに参加する者もいたのである。

○○会では、フランスから七月に強制送還されたアナキストの大杉栄（一八八五〜一九二三）を招いて話を聞く相談をしていたが、関東大震災が起こり、その混乱のなかで、九月一六日に大杉が憲兵の甘粕正彦（一八九一〜一九四五）らに殺害されたために、この計画は実現しなかった。

一九二三年九月一日、関東大震災のために御木本貴金属工場は全壊し、従業員は近くの日比谷公園に避難した。その頃、植木徹之助は熟練した彫金の腕を買われて、皇太子（摂政）

の廸宮裕仁《みちのみやひろひと》親王（一九〇一～一九八九、のちの昭和天皇〈在位一九二六～一九八九〉）との結婚が内定していた久邇宮良子《くにのみやながこ》女王（一九〇三～二〇〇〇、のちの香淳皇后）の被《かぶ》る宝冠の加工を任されていた。植木の話では、宮内省の役人が側で見守っていて窮屈な作業だったらしい。

御木本幸吉が避難先の日比谷公園に来て、植木徹之助に、倒壊した工場から加工中の宝冠を取り出してくるよう命じた。すると植木は、「宝冠はまた作り直すことができるが、万一の場合、人間の命は取り返しがつかない」と反対した。御木本は「この御木本に逆らったのは植木が初めてだ」と怒った。

同僚から「熱血漢」と評されていた植木の反骨ぶりが、目の前に浮かんでくるようだ。

一〇　社会運動に参加

関東大震災のあと、御木本の会社側は全壊した工場の解散をいったん決定し、二カ月後の再建にあたっては、社会運動に関心を寄せる従業員は体よく再雇用しなかった。こうして解雇された従業員のなかには、社会運動に直接に参加し、労働運動などの指導に取り組む者も現われた。

植木徹之助もその一人であった。彼は東京の上野の近くに家を借りて、自宅で彫金の仕事をつづけながら社会運動にも奔走した。一九二五年二月一一日には、日本労働総同盟など三五団体が主催した治安維持法の制定に反対する集会・デモに参加して、芝三田警察署に検束された（治安維持法は同年四月二二日に公布、五月一二日に施行された）。

植木はこの年、東京北部合同労働組合の中央支部を組織して、その支部長となった。そして北部と東部が合同して東京合同労働組合が結成されると、その執行委員を務めた。この労働組合は左派の日本労働組合評議会（一九二五〜一九二八）に連なる組織であった。

さらに植木徹之助は、上野の広小路などの街頭に立って、堺利彦や山川均（一八八〇〜一九五八）らの社会主義者の主張を載せたパンフレット（一冊一〇銭）を宣伝・販売するために声を涸《か》らした。しかし寒風にさらされての活動は身体にこたえた。やがて彼は肺を侵され、その療養のためもあって、一九二六年、東京を離れて名古屋へ移った。

名古屋では、植木は生計のために小さな食堂を開いた。その名は甘辛食堂、メニューには「革命うどん」「改良どんぶり」などが並んでいた。そして名古屋でも社会運動に参加し、活動家と交流した。一九二七年一二月には、中部合同労働組合関係のストライキに参加して、新栄警察署に検束された。

植木徹之助は、御木本貴金属工場に在職していた一九二〇年に小幡いさほと結婚した。彼女は三重県度会郡小俣村（のち町、現在は伊勢市小俣町）の西光寺（真宗大谷派）の住職、小幡徳月（一八八一～一九三二）・きり夫妻の長女で、宗祖の親鸞（一一七三～一二六二）に傾倒していた徳月の薫陶を受けて育った。

結婚の翌年に長男の徹《とおる》（一九二一～一九四三）が西光寺で生まれた。関東大震災の直前に東京で生まれた二男の勉《つとむ》（一九二三～一九二六）は、幼いときに感染症に罹《かか》って亡くなった。その勉の生まれ変わりのように、三男の等《ひとし》（一九二六〈戸籍は一九二七〉～二〇〇七）が名古屋で生まれた。三人の男子の名前には、植木徹之助のその時どきの生き方と想いが込められているようだ。

二　部落問題との出会い

植木徹之助の一家は一九二八年に、名古屋を引き払って小俣町の西光寺へ移り、居候生活を始めた。その秋に長女の眞澄が西光寺で生まれた。西光寺での居候生活は、熱血漢と言われた植木にとっては退屈な毎日であったようだが、それから間もなく、植木は初めて部落差別の現実を知って憤慨した。

あるとき、西光寺の檀家である西中六松を訪ねてきた小俣の町役場の職員が、西中の名前を敬称もつけずに「オイ、六、いるか」と呼び捨てにした。それを聞き咎《とが》めた植木徹之助が、職員に問い質《ただ》した。「君はこの町のどの家を訪ねても、相手の名前を呼び捨てにして入るのか?」。職員「いえ、門構えの家では丁寧にあいさつをします」。植木「門構えの人も、この西中六松さんも、同じ小俣の町民ではないのか?」。職員「?・?・?・?」。

植木は一方、西中六松が自分の名前を呼び捨てにされながら、相手をサンづけで迎えたのを咎めて、その態度を厳しく叱りつけた。「そんな卑屈なことでは差別をなくすことなどできない」。

一九二九年の春、小俣町の町会議員の選挙があり、西中六松の兄が立候補したが、植木らの応援も空しく落選した。そのとき、同じく落選した非部落の候補者の得票が、西中候補の得票よりも少なかったことを、元県会議員が責めて部落を差別する言辞を吐いた。

これを伝え聞いた植木徹之助と西中六松は、元県議を糾弾する行動を起こして、その非を認めさせた。ところが、謝罪の演説会を開くことになり、その準備中に二人は宇治山田警察署に検束され、西光寺と西中宅が家宅捜索されたため、計画は中断した。

この差別糾弾を機に、西中六松は水平社運動（三重県連合会）の活動家に成長し、植木は西中を「闘友」と呼んで親交を深めた。

こうして植木徹之助は小俣町の西光寺に居候をつづけながら、松阪と宇治山田を結ぶ南伊勢地方の社会運動（農民組合運動・水平社運動など）に奔走するようになった。

五月には第二次共産党事件、いわゆる四・一六事件に連座して、松阪警察署に検束された。

一二　プロレタリア文芸講演会

この時期の植木の活躍ぶりを伝える新聞報道がある。

一九三〇年五月、プロレタリア文化・芸術運動を推進していた全日本無産者芸術連盟（一九二八～一九三〇、略称ナップ〈ＮＡＰＦ〉）が、その機関誌『戦旗』を発売禁止から防衛するために、小林多喜二（一九〇三～一九三三）、江口渙（一八八七～一九七五）、片岡鉄兵（一八九四～一九四四）、貴司山治（一八九九～一九七三）らを派遣して、京都・大阪・松阪・宇治山田で文芸講演会を開いた。

「中止連発の神都文芸講演――然し無事閉会す――プロレタリヤ《ママ》文芸講演会は廿日夜、宇治山田市有楽座で開かれたが、山田警察署では眼を光らせ、臨監警官数名を派して、弁士の言動に注意を払い、度会郡小俣町植木徹之助の開会の辞は、先づ中止の第一矢を喰らひ、小林多喜二の『戦旗現勢力に付て』、江口渙の『プロレタリア文芸に付て』、片岡鉄兵の『新芸術派を排撃す』、貴司山治の『ダラカン日誌』等は、何れも弁士中止の連発に終始し、午後十時過ぎ閉会した」（「伊勢新聞」一九三〇年五月二二日）。

一三　真宗僧、植木徹誠

植木徹之助は、名古屋では肺結核の療養に努めながら、そして西光寺では居候生活を始めてからも、社会運動に携わることをやめなかった。住職の小幡徳月は娘婿《むこ》のこの活動ぶりを見て、植木に僧侶となることを希望した。徳月としては、長男の徳雄がまだ少年だったので、成長するまでの中継ぎとしても、植木に期待を寄せたと思われる。

岳父の徳月の説く親鸞の思想（悪人正機〈悪人も正《まさ》しく人間＝機〉、「善人なをもて往生をとぐ、いはんや悪人をや」〈『歎異抄』〉）と、民衆と生活を共にしながら説教に努めた親鸞の生き方に、植木徹之助は自らの人間みな平等の信念とのあいだに共通するものを感じて、僧侶となることを承諾した。彼は名古屋の真宗大谷派の別院で修行して得度し、一九二九年七月六日に「度牒」（＝証明書）を受けて、僧侶の資格を得た。真宗僧、植木徹誠《てつじょう》の誕生である。

「度牒（真宗度牒之証　印）
三重県伊勢国度会郡大湊町

植木和三郎二男
植木徹之助
明治廿八年一月廿一日生
右度為本宗僧侶加三重県下
伊勢国度会郡小俣町西光寺
衆徒仍授牒如件
昭和四年七月六日
真宗大谷派本山本願寺門跡
大谷光暢（大谷本願寺印）」

私が植木徹之助に、「社会運動に携わる者が僧侶になり、宗教の活動をすることに矛盾を感じなかったか？」と聞くと、「なに、社会が変わっても夫婦げんかはなくならないから、坊主のやる仕事はあると思った」と、笑いながら答えた。

こうして真宗大谷派の僧侶となった植木徹誠は、西光寺の副住職として、その名のとおり誠に徹して活動し、常に人間はみな平等と説いた。相変わらず社会運動に携わっていたことは、先に見た宇治山田における文芸講演会のとおりである。

一四　栗谷の常念寺へ

やがて植木徹誠は、住職のいない寺を二つ紹介され、どちらを選ぶかと聞かれた。一つは滋賀県の裕福な檀家が多い寺、もう一つは三重県の檀家に貧困者の多い寺だった。徹誠はためらうことなく三重県の寺を希望した。彼は僧侶として、亡くなった人の供養をしてそのお布施で生活することに満足できなかった。お布施も出せないほど貧しい者にも、幸福が得られるように努力するのでなければ、僧侶になった意義がないと考えたのである。

一九三〇年の後半か一九三一年の前半に、植木徹誠は、三重県多気郡荻原村栗谷（のち宮川村、現在は大台町）の常念寺（真宗大谷派）の住職に入った。荻原村は山の奥深くにある山村で、常念寺の檀家はかなり広範囲に散在していた。住職の徹誠は、袈裟《けさ》をなびかせ、草履《わらじ》をすりへらして、山道をせっせと歩き、檀家を回った。

また昭和恐慌（一九三〇〜一九三一）の影響と、その後の不況にあえぐ山村民、特に被差別部落の人びとを指導して、その生活と社会的地位の改善・向上をはかった。部落住民の代表を初めて村会議員に当選させたときの喜びを、彼は後年になってもしばしば嬉しそうに語っていた。

その頃、名古屋の港湾労働組合運動で活躍していた弟の植木保之助は、ある特高警察官が、「植木徹之助はなんだ、坊主になったと思ったら、水平社運動などをやりおって！」と、いまいましげに語るのを聞いた。常念寺の住職、植木徹誠の部落の檀家に対する取り組みは、全国水平社（三重県連合会）がその頃、新しい部落委員会活動の方針（一九三三〜）で活発に運動を進めていた動向と、無関係ではなかったのである。

一五　朝熊の三宝寺説教所へ

一九三五年の春、友人の全国水平社三重県連合会委員長の新田彦蔵（一八九四〜一九六〇）が、小俣町の西中六松や朝熊《あさま》地区の活動家と共に、栗谷の常念寺を訪ねてきた。その要件は、伊勢神宮に近い度会郡四郷村大字朝熊区（現在は伊勢市朝熊町）の三宝寺説教所（浄土真宗本願寺派、当時無住）が、部落改善応急施設費による改築を終わったので、植木徹誠にこの説教所に入って欲しいというのである。この要望には、さらに深い理由があった。

朝熊区は地形上、朝熊川によって南部と北部とに分けられているが、行政（区制）上に「南」「北」が設けられているわけではない。それなのに北部の住民は、南部の住民から行政（区制）上、朝熊の区民ではないと排除（差別）され、区民全体の総有財産である区有山林への入会権も認められていなかった。

一九二六年に朝熊の区有財産（総有山林）が、四郷村の村有財産に統一され、その一部が縁故者特売の名目で南部の住民に譲渡された。北部の住民はこの統一と特売から排除されたことに不満と疑問を抱き、一九二七年に行政（区制）差別の撤廃（区民として承認）と入会権の承認（区有財産差別の撤廃）などを要求して、区民権・生活権獲得の闘いに起ち上がった。

私が朝熊闘争と呼ぶこの差別撤廃の闘いは、一九三〇年に宇治山田警察署長と四郷村長の強引な調停による、南北の「協定書」の調印をもって中断させられた。協定の主な内容は、北部住民は今後、村・北部の行政の事務を自ら執り行う（区制上の分離）、朝熊（南部）区有財産に関しては、北部住民は従来から関係はなく、将来も権利を主張しない（差別承認）、そして、北部住民の存立と風紀改善に必要な財源として、南部住民から金一千円と山林実測約拾町歩を無償で譲渡する（餞別《せんべつ》）、であった。

北部の住民（有志）は、協定書が既成の「分離」と「差別」を「餞別」つきで認めたことに不満を抱き、「協定は合法的かもしれないが、合理的ではない」と批判を加えた。そして、一九三三年からの部落委員会活動の方針による水平社運動の発展のなかで、全水三重県連と同朝熊支部とは、協定書の再検討による差別撤廃の闘争の再開を決意し、その指導者の一人として植木徹誠に白羽の矢を立てて、朝熊への移住を求めたのである。

真宗大谷派の僧侶が本山の承認も得ずに、勝手に浄土真宗本願寺派の寺院に移ることは難しいと思われるが、植木徹誠は気にせず、新田彦蔵らの要請に応えて、一九三五年の五月、家族と共に朝熊の三宝寺説教所に入った。新しい住職を迎えて、三宝寺説教所は六月一日と二日、盛大に入仏式を執り行った。そして、着飾った多勢のお稚児さんの行列が、北部の地区内を練り歩いて住民たちに歓迎された。

住職の植木徹誠はさっそく檀家の人びとを集めて、こうあいさつした。「私は亡くなられた人の供養にきましたが、生きている人びと、皆さんの良い相談相手になるつもりでいます。お互いに友だちとして、困ったこと、苦しいこと、何でも相談にきてください」。亡くなられた人の供養はもちろん大切だが、僧侶は葬儀屋の手伝いが仕事ではない。すべての人間の今日における救済、すなわち衆生済度《しゅじょうさいど》をはかることこそ、親鸞の教えを現代に生かす道だと、彼は考えていたのであった。

植木住職は、檀家の善男善女に、宗祖親鸞の一代記を語り、その生き方・考え方を紹介して、人間はみな平等と説いた。その法話を聴いていると、旅姿の親鸞が、住職の背後を通るのが見えたという。そして夜には、青年を集めて、マルクスの人と思想を語った。

このような法話を通じて、植木住職は北部の住民に、「人間として人間らしく生きる努力をしていて、『あの部落の者が』と言われても、少しも恥ずかしいことはない。しかし、人間として人間らしく生きる努力をしないために、『やはり部落の者だ』と軽蔑されるのは、大いに恥ずべきことだ」と強調して、人間らしく胸を張って生きよと励ました。

一六　朝熊闘争と植木徹誠

植木徹誠が朝熊の三宝寺説教所に移住して間もなく、四郷小学校で差別事件が起こった。転校した一年生の植木眞澄が、机を教室の片隅に置かれ、体操の授業に参加させてもらえなかった。眞澄の報告を聞いた母親の植木いさほが、担任の毛利訓導に抗議すると、担任は植木が部落の出身でないことを知って急に態度を変え、「あそこ（朝熊の北部）はコソ泥の集合地ですよ」などと言い放ったのである（「水平新聞」第九号、一九三五年七月五日）。

早速に毛利訓導を糾弾する北部の区民総会が開かれたのをきっかけとして、行政（区制）差別と区有財産差別の撤廃（区民権と入会権の承認）を要求する闘争に、ふたたび起ち上がることが決まった。七月に朝熊差別区制糾弾闘争委員会が組織され、七月三〇日、北部区民総会の名前で、一七カ条にわたる要求書を四郷村長・朝熊区長（南部）宛に差し出し、さらに北部住民一同の名前で全区民を代表しない朝熊区長の即時辞任を要求した。

一七カ条の要求の主な項目―「①即時朝熊南北区民ノ総会ヲ開キ区長及区長代理、区評議員ヲ改選セヨ。②朝熊区政ニ関スル機関ノ規約類ヲ区民全部ニ明細ニ知ラシメヨ。⑤区ノ協議機関ニ参加セシメヨ。⑧区ノ古文書及朝熊歴史ノ文献ヲ閲覧セシメヨ。⑫小作会ニ参加セシメヨ。⑮青年団・消防団ニ参加サセヨ。⑯朝熊共有財産ノ所有権利ヲ平等ニセヨ。⑰昭和五年（一九三〇年）ノ協定書ヲ第三者立会ノ上説明セヨ」。

三宝寺説教所には差別区制糾弾闘争委員会の本部が置かれ、住職の植木徹誠も闘争委員の一人となった。本堂ではしばしば闘争委員会や演説会や区民総会が開かれた。小学生だった植木等が、出席者の身ぶり口ぶりをまねて、「われわれは……、われわれは……」と「演説」し、一同の笑いを誘った。また「カチャカチャ」と、説教所玄関前の石段を忙しそうに上り下りする下駄の音が、植木住職に対する人びとの信頼感を強めた。

「私は人間のつくった法律はよくわからないが、阿弥陀如来のつくった法律はよく知っている」と、植木徹誠はたくみに相手側に「罪」を自覚させ、差別の反省を求めた。植木の話はいつも具体的でわかりやすく、しかも真情がこもっていた。だから「味方」も「敵」も頷《うなず》くほどに説得力があった。四郷村の村議会が開かれた際、議員でもない植木が僧衣姿で壇上に立ち、部落差別の実態をるる説明して善処を訴えると、朝熊（南部）出身の一人の議員が横を向いて「フン」と言ったほかは、なみいる議員はみな静かに耳を傾けた。また一九三七年三月三日、全国水平社第一四回大会が東京で開かれたとき、三重県連を代表して朝熊闘争への支援を訴えた植木の演説は、この大会の白眉であったと伝えられている。

三重県の警察関係の文書には、植木の存在が問題解決のガン、つまり闘争鎮圧の障害と記されたものもある。それゆえに、「山林を私物化しようとしている」など、植木に対する誹謗《ひぼう》・中傷が盛んに振り撒《ま》かれたが、彼は少しも意に介せず、北部住民の結束もこれによって崩されることはなかった。

この時期、小学生の植木眞澄の脳裡《のうり》には、地区の人びとと共に闘う両親の姿が、色濃く焼きつけられたようだ。父親の住職、植木徹誠の言動には、いつも警察の監視の眼が付き纏《まと》っていた。闘争委員会の本部が置かれた三宝寺説教所には、しばしば特高警察官が訪れてきたが、母親の坊守、植木いさほは、そのつど毅然と対応していた。

三宝寺説教所が警察の家宅捜査を受けたときのことだった。ドヤドヤと一方的に入り込んだ特高警察官を、坊守のいさほが凜然《りんぜん》として叱りつけた。「お寺に土足で上がるとは何事ですか⁉。靴を脱ぎなさい‼」。坊守の一喝に、スゴスゴと後戻りした警察官が靴を脱ぐ様を見て、眞澄は心の内で「やったァ！」と、快哉《かいさい》を叫んだという。

植木徹誠が警察署へ連行される様子も、眞澄には忘れ難い情景だった。父親は支度が整うと、家族に「チョット行ってくる」と告げ、待たせた警察官に「オイッ、行くぞ」と急《せ》き立てて、自ら迎えの車に乗り込んだ。

一七　人民戦線事件の検挙

一九三七年の六月三〇日、宇治山田で三重県社会課の主催による融和懇談会が開かれたとき、県内の各地区からの出席者は、社会課長の朝熊問題についての答弁には誠意がないと非難を浴びせ、懇談会を部落代表者会議にきりかえて、全水（県連）の総力を挙げて朝熊問題の解決をはかることを確認した。

出席者はそこからすぐと朝熊の北部へ向かい、三宝寺説教所において演説会を開いた。活動家がかわるがわる団結の力を訴えるうちに、出席していた北部の住民が演説会を区民総会にきりかえる動議を出し、集会はそのまま区民総会に移った。

植木住職が議長に選ばれて、出席者の意見をまとめた結果、南部側の役員（区長・村会議員）および四郷村長を訪問して交渉することになり、ただちに県内の活動家および北部住民からなる訪問隊が派遣された。

やがて訪問隊から会見の顚末《てんまつ》が報告されると、植木議長は「いかに南部と村に誠意がないかがわかった、われわれは最後まで結束して闘うべきである」と議事を結んだ。その後に闘争委員会が開かれて、この夜の集会が終わったときは、すでに七月一日になっていた。

一九三七年七月七日、中国の北平（現在は北京）郊外で日本軍と中国軍が衝突した。この盧溝橋事件をきっかけとして、宣戦布告もないままに日中戦争が拡大し、全面的な戦争になった。時の近衛文麿内閣は、「挙国一致」「尽忠報国」「堅忍持久」の標語を掲げて国民精神総動員運動を推進し、戦争遂行のために総力を結集するよう国民に訴えた。

日中戦争が拡大する状況のなかでも、朝熊の北部住民は差別撤廃の闘争を活発につづけた。四郷村長が朝熊の差別問題に態度をはっきり示さないので、七月三日に村の四郷小学校に通う学童の高学年三七人を、五日〜八日には全学童一四二人を同盟休校に入らせた。

さらに七月下旬から八月上旬にかけては、北部住民の遊説隊が三重県内の部落に朝熊闘争への支援を訴えて回った。各部落では懇談会を開き、また区民総会を開いて、朝熊の闘いを支持し、その決議を三重県知事宛に送って、早く朝熊問題を善処せよと要求した。

しかし差別撤廃の闘争を再開してから二年も経ったので、北部の住民のなかにもさまざまな事情が生まれ、住民の団結を崩そうとする攻撃も強くなってきた。また日中戦争が拡大して社会の戦争熱が高まったことも、活動を進めにくくした。そこで闘争委員会は、要求を区有財産問題に絞って、裁判所に調停の申請を出すことに決めた。

一一月一五日、山本粂次郎（一九〇一〜一九七六）ほか一二〇人の北部住民の名前で、朝熊区長と産業信用組合長を相手取り、阿濃津区裁判所に「小作調停申立書」を提出した。南部側は裁判所の調停にも絶対に応じないことを決めたが、北部側は裁判所が二二日に申請を正式に受理したので、調停の結果に望みをかけた。ところが、北部住民の期待は残念ながら打ち砕かれた。

一二月一五日、ファシズムと戦争政策に批判的な活動をつづけていた合法左翼の政治家・社会運動家・評論家が、全国で四四六人も検挙された。二二日には、日本無産党とその傘下の日本労働組合全国評議会が解散を命じられた。コミンテルン（国際共産党）が一九三五年に提唱した方針である「人民戦線の結成」を企てたというのが検挙の理由とされたが、政府が戦争遂行の妨げになる社会運動と思想をすべて除去しようとはかった弾圧であった。

全国でこのいわゆる人民戦線事件の検挙が行われたとき、三重県においても一二月二〇日に、朝熊闘争の指導に努力していた遠藤陽之助（全農）、新田彦蔵（全水）らを含む、社会大衆党や全国農民組合・全国水平社（各県連）の関係者四五人が検挙された。

さらに一九三八年の一月一八日には、朝熊の北部も警官隊に襲われて、朝熊闘争の指導者（活動家）の中西長次郎、山本粂次郎、山本平重（一九〇八〜一九九五）、植木徹誠をはじめ、住民四一人が検挙された。

一八　区有財産問題は農民全体の問題

三重県における人民戦線事件の検挙者八六人のうち、半数近くが朝熊の北部住民であり、また同事件でのちに治安維持法違反に問われたのは、遠藤陽之助、山本粂次郎、中西長次郎、植木徹誠ら朝熊闘争の指導者四人のみであったことは、三重県の人民戦線事件の検挙が、朝熊の闘争を弾圧することに一つの重点を置いていたことを物語っている。

朝熊闘争がこのように徹底的に弾圧された理由の一つは、北部住民の生活と権利を守る差別撤廃の要求と闘争が、近代日本の国家と社会の根幹を揺るがしかねない問題を、内包していたからであった。

部落差別の根底にある区有財産問題（入会権差別）は、歴史をさかのぼると、明治維新改革の地租改正（一八七三〜）の中で、政府が土地の官民有区分を行い、農村（村落共同体等）の総有山林（区有財産）を、その確証の有無を理由に接収して、国家の官有林、皇室の御料林に編入したことが、そもそもの発端である。農村では、残された（少なくなった）総有山林（区有財産）の管理・経営をてことして、地主層の農民にたいする支配的地位が強められ、その状況がさらに部落差別（入会権差別）の存続にしわよせされていった。

したがって、部落住民の入会権獲得（区有財産差別の撤廃）の要求と闘いは、その展開と発展にともなって、農民全体の問題として改善・解決をめざすことになりかねない。歴史をさかのぼって官有林・御料林の解放を要求することになるかもしれない。朝熊闘争の場合は、明治初年の五〇町歩から五〇〇〇町歩にまで拡大した伊勢神宮林に、そのほこ先が向けられる要因を内に抱えていた。

参考までに紹介すると、一九二二年五月四日、帝室林野管理局（宮内省）が、御料林の一部（神路山・島路山など五五〇〇余町歩）を、神宮司庁（伊勢神宮）に「実地引渡し」（移管）した。この移管の前年、一九二一年九月に、四郷村長と宇治四ヶ所人民総代の連名で、「神路山山林一九三八町余歩、島路山山林一〇二一町余歩」を「入会共有地として、請願人等に復旧下付せられんことを請願す」という復旧の請願書が、宮内大臣宛に提出されている。

一九　ファシズムと戦争に抗して

朝熊闘争が徹底的に弾圧された理由のもう一つは、朝熊の北部住民の生活と権利を守る差別撤廃の要求と闘いが、一九三七年にはファシズムと戦争政策に反対して民主主義と平和を守ろうとする三重県の統一戦線運動のなかで、その中核となり、有力な砦《とりで》としての役割を果たしていたからであった。

たとえば、同年四月に衆議院議員総選挙が行われたさい、社会大衆党県連準備会、全農県連、全水県連は、この総選挙にファシズム反対・戦争反対・生活権擁護の方針で臨むことを決め、上田音市（一八九七～一九九九、全水〈県連〉の活動家）を立候補させた。熱心に運動したにもかかわらず、上田は第七位で落選したが、右翼の対立候補も落選させるなど、一応の成果は挙げられた。上田音市候補の選挙運動には、朝熊の三宝寺説教所住職の植木徹誠も、僧衣の姿で積極的に応援して回ったが、その演説は聴衆の共感を呼んだ。


「お寺の小僧が顔を洗った水を庭に撒いた。それを見て、和尚が水は木の根元に撒けと叱った。木が育って水も生きる。これが自利利他だ。みなさんが上田音市に投票すれば、上田は当選して活躍するし、みなさんの票も生きるのだ」。

「日清戦争・日露戦争では、多数の戦死傷者が出た。多くの遺家族や傷痍軍人が生活に困っている。政府はどれだけ救済の手をさしのべたか。戦争は人びとに犠牲を押し付けるものだ」。（植木徹之助の談話による）

候補者の上田音市は、植木徹誠の演説が政府批判・戦争批判に進むと、臨監警察官の介入を心配して、「植木さん、もうイイ、もうイイ」と、僧衣を引っ張ったという。

植木はまた、周りに誰がいてもためらうことなく、「戦争は集団殺人」と指摘していた。七月に日中戦争が拡大してからも、三宝寺説教所の檀家の応召兵士に、「中国兵も人間だから、君は鉄砲を相手に当らないように撃ちなさい。撃ったら君が相手の弾丸に当らないようすぐに隠れなさい。中国兵を殺すな、君も死ぬな。必ず生きて帰ってきなさい」と、餞《はなむけ》の言葉を贈って励ました。

さらに植木徹誠が、朝熊差別区制糾弾闘争委員会や区民総会が開催されたときに、その席上で「ファッショノ重圧、戦争ノ危険ヲ強調シ」て語ったという言葉（意見）が、特高警察官によって記録されているので、そのいくつかを紹介しよう。

「人間ハ世界中皆同ジ関係ニアルノヤデ、戦争ヲシテ殺シ合イスルト云フ様ナコトハ馬鹿ナコトデ、本当ニ人ガ人ヲ殺スト云フ様ナ事はムゴタラシイ事ヤ」。

「日本ハ東洋平和ノ為ノ戦争デ、領土的野心ハ無イト云フテ居ルガ、帝国主義侵略デアルコトハ間違ヒナイ」。

「戦争ニハ勝テ勝テ云フガ、勝ッテモ我々貧乏人ニハ利益ガナイ。戦争ハ無産階級ガ犠牲トナルダケヤ。早ク止メテ欲シイ」。

「今度ノ戦争モ、日本デハ支那《ママ》ガ悪イト云フガ、支那《ママ》カラ云ワスト日本ガ悪イト云フテ居ル。戦争トイウモノハソンナモノヤロ」。

「宗教家ガ戦争ヲ弁護スルノハ矛盾シテイル。宗教家ガ戦争ヲ弁護スルトハ恐レ入ッタ。元来宗教家ハ戦争ニ反対スベキモノデアル」。

（三重県特高課司法警察官の『意見書』一九三八年六月三日）

警察官が記録した史料であるが、植木徹誠がファシズムと戦争に反対して、民主主義と平和の擁護に努力した生き方・考え方を読み取ることはできる。

二〇　袈裟と赤旗に包まれて

植木徹誠は一九三八年一月、三重県の人民戦線事件の第二次検挙で逮捕されると、事件の中心人物と目され、治安維持法違反の容疑により起訴された。県内の警察署をたらい回しされて一年、裁判（未決）で一年を経て、懲役二年の判決を受け、獄中生活を送った。留守を守る家族は、やがて官憲の策動によって、三宝寺説教所を追われた。

アジア・太平洋戦争が終わると、植木徹之助は東京に戻った。昔取った杵柄《きねづか》で、ふたたび彫金の仕事を始めた。一九四七年六月一二日、部落解放全国委員会が政府および連合国軍総司令部（ＧＨＱ）に朝熊問題の解決を要請したとき、朝熊の活動家と共に、植木も東京からこれに参加した。やがて彼は、ふたたび社会運動の戦列に加わって日本共産党に入党し、民主商工会・国民救援会などの活動を熱心に行った。

植木徹之助（徹誠）は一九七八年二月一九日、親族一同に看取られて、永遠の眠りについた。最後のうわごとで、「あの世へ行って親鸞に会わせる顔がない」と呟き、涙をスーッと流した。人間みな平等の信念を貫いて差別するものと闘い、いかなる迫害にも決して屈することのなかったその生涯にふさわしく、遺体は真宗ゆかりの略式の袈裟と、深紅の赤旗に包まれて旅立っていった。享年八三歳。戒名は無極院釋徹誠居士。

参考文献

朝熊町歴史史料集編集委員会編・川村善二郎監修『朝熊町歴史史料集・近代編』伊勢市、一九九六年
三吉明『キリストによる労働者―労働教会のあゆみ』キリスト新聞社、一九六五年
植木等『夢を食いつづけた男―おやじ徹誠一代記』朝日新聞社、一九八四年
川村善二郎「ファシズム下の部落解放運動―三重県朝熊部落のたたかい」（部落問題研究所編刊『近代日本と部落問題』一九七二年）

川村善二郎「人間平等の信念に徹した生涯―植木徹之助おぼえがき」（柏原祐泉・黒田俊雄・平松令三監修『親鸞大系・歴史篇・第十一巻―教団の課題』法藏館、一九八九年）
川村善二郎述「朝熊闘争と植木徹誠師の足跡に学ぶ」（真宗大谷派同和関係寺院協議会編『真宗大谷派・同関協だより』第三三号、二〇〇四年六月三〇日）
中村尚徳「反骨の僧―植木徹誠の生き方」（『朝日新聞三重版』、二〇一六年三月一八日～二八日（八回連載））
黒川みどり・藤野豊編『近現代部落史―再編される差別の構造』有志舎、二〇〇九年
部落史ブックレット編集委員会編『近代神奈川の歴史を問い直す』神奈川部落史研究会、二〇一七年二月二〇日

岡崎精郎――人道主義者の部落問題観

おかざき　せいろう（一八九八〜一九三八）

吉田文茂

一　種間寺の碑と経歴

高知市春野町秋山に四国八十八ヶ所第三四番札所、種間寺があり、その境内の入口に「岡崎精郎先生の碑」と題した一基の碑が立っている。碑の正面には、

一八九八年　秋山村に生る
一九三八年　高知市に歿す
あなたは
　りっぱな詩や絵をかかれ
すぐれた芸術家であった

あなたは
同和問題に力をつくされ
偉大な社会教育家であった
あなたは
農民運動に生涯を捧げられ
農民の父としてしたわれた
衆議院副議長　杉山元治郎

裏面には、
高知県農民建之　　昭和三十二年五月

と記されている。

この種間寺の碑に名を刻まれた岡崎精郎は、一八九八年一二月二一日、吾川郡秋山村（現在の高知市春野町秋山）の地主の家庭に生まれる。旧制中学校卒業後、画家を志して上京、麗子像などの作品で有名な岸田劉生の画僕として絵画修業に励み、その将来を期待されるが、健康を害して一九一九年末に帰高、療養生活に入る。療養生活は数年余りに及ぶが、禅にふれ、西田天香の一燈園（京都）を訪れたことも影響したか、自宅を天生園と称し、自己の所有地を小作人に解放した。また、天生園を拠点に青年団運動や病人の治療に従事し、これが岡崎の社会参加への第一歩となった。

一九二九年秋山村議選で勤労階級（無産派）が勝利し、秋山無産村が誕生すると、岡崎は推されて村長に就任する。さらに、一九三二年七月に結成された全国農民組合高知県連合会（全農県連）の委員長に、秋山村長在籍のまま就任する。同年一二月の仁西村小作争議で他の幹部たちとともに検挙・起訴され、一〇カ月に及ぶ獄中生活を余儀なくされる。有罪判決確定で村長失格となる。出獄した一九三三年一一月以降は、全農県連の委員長として活躍する一方、総本部派と全国会議派に事実上分裂していた全農の統一をめざし、全国会議派の全農への復帰実現に全力を傾ける。また、土佐大衆診療所を設立し、無産医療の確立に努める。

県議選には三度立候補し、一九三六年八月繰り上げ当選となり、高知県会で無産派議員の一人として活躍する。一九三八年一月四日、腎臓病のため三八年あまりの生涯を終える。

岡崎精郎
高知市立自由民権記念館蔵

二　部落問題との出合い

宗教的実践生活を開始した岡崎に衝撃を与えたのは被差別部落（部落）の青年の被差別からの叫びの声であった。一九二六年はじめのことである。秋山村の小学校で吾南青年団雄弁大会が開催され、多くの若者が熱弁を揮《ふる》った。その多くは岡崎の心に響くものではなかったが、ただ一人の水平運動家の演説が彼の「良心」を震撼《しんかん》させたのである。彼はのちにそのときの様子を次のように回顧している（唯神社叢書第一篇として刊行された本文わずか二〇頁程の小冊子）。

私は、永らく貴方方を卑しめる人々の中にゐて、自己の種族の罪を痛感せず、貴方方を解放する為に少しも積極的に働かず、つひに貴方方を水平運動等に迄蹶起せざるを得ざらしむるに至つたことを、私自身の罪悪として、義務の怠慢として、謝罪し懺悔する。私は貴方方が、水平運動を起されたことを感謝する。私はこの運動のお蔭で、永い虚偽と罪悪の眠りから目が醒めた。（岡崎精郎『生命』一九二七年二月）

自ら進んで差別をした記憶はない。けれども知らず知らずのうちに差別をしていたかもしれないし、差別に無自覚であったことが結果的に部落の人びとへの差別を野放しにしていたと悟った岡崎は、その後部落差別の撤廃に向けて積極的に取り組んでいくことになる。水平運動家に出会って以後、彼は自分自身は「誠心」を持って部落問題と向き合っていったと記している。

その後私は『、、』とか『、』とか言ってゐる者を、許すことが絶対に出来なくなつた。もし言ふものがあれば、それがよし父であれ、母であれ、非難した。一切かゝる言葉を、聞くまいとした。又ふとした動機で、貴方方の仲間の方々と縁を結び、度々お邪魔に上らしてもらふようになつた。かくの如くにして兄弟よ、私は君等と結ぶようになつたのだ。（同前）

一水平運動家の演説を聞いて、部落問題を自己の課題として受けとめていく岡崎であったが、その頃の彼の人柄を象徴するエピソードが二つある。

一つは岡崎が村内の部落を訪問しようとして「愛用の木綿縞《もめんじま》の袴《はかま》」を着用しているときに、父親から「どこへいくのか」と尋ねられ、岡崎が「部落へいきます」と返事すると、父親は「部落にいくのに袴はいらないだろう」と言ったという。そうすると、岡崎はムキになって「お父さん、何を言われるのですか？ 部落へ行く礼儀というものではありませんか。部落なら袴には及ぶまいというのは、部落を見下すことです。謝って下さい」と父親の言を咎《とが》めたという。この息子の熱意には父親も頭を下げたとのことである。

もう一つは部落へ入り込んでの社会奉仕活動の実践である。一九二九年三月一四日に融和団体である高知県公道会総会開催の通知を受け、一〇日から妻の鶴子とともに、高知市へ出向いていった。一文の金も持たず、高知市の門々で托鉢《たくはつ》して得た六合の米だけを持って、河の瀬の部落に入っていったのである。入ってまずやったことは、夫妻そろって箒《ほうき》を取って鍬《くわ》をにぎり、塵《ちり》の多い道を清め、溝をさらえることであった。夕方まで清掃活動に励み、夜は青年団員と交流し、「よく自他の人格の絶対的尊厳に眼ざめよ。あらゆる差別を越へて吾等は神の前に一なる兄弟である」と、自らの差別撤廃に向けた信念を語ったという。

三　部落問題をどう理解したのか

『生命』では、部落問題との出合いを記したあと、部落問題解決のために自分自身が何をなすべきかを論じている。そこでは水平運動に一定の理解を示しつつも、運動が過激になっていくことに対して苦言を呈し、暴力を持って悪に報いても、そこには正義はなく、自らも罪の仲間になるのだから暴力をともなう運動とならないよう自重してほしいと訴えた。そして、全国水平社創立時の綱領の第三項「吾等は人間性の原理に覚醒し人類最高の完成に向つて突進す」に依拠しつつ、「人道こそ吾等の宝。吾等人間性の原理。吾等の価値の標準は人道にある」と人道主義に徹していくことによって「水平の日、否水平以上のよき日」を迎えることができるであろうと論じた。

続いて、部落の人びとと部落外の人びととの真の握手を求め、水平運動と融和運動を「愛」と「至誠」とによって結合せんと試みている。ここでは「土佐に散在するすべての兄弟姉妹よ。日本全国に散在するすべての兄弟姉妹よ目を醒ましてみよ」の一文ではじまっていることからも明らかなように、全国水平社創立大会の宣言を強く意識して書かれている。なぜ、水平社が誕生したかを差別意識の実在から丁寧に説き起こし、差別発言が頻々と繰り返されながら、「世間より高徳の人、人格者」とみなされる人も無反省のままで差別のことばを発する現実に対し警鐘を鳴らしている。「もし僕が君の面前で、君に向つて『お前、、だ。新だ。いやしいけがらはしい。だからおれに寄つくな。お前の家に行くと穢れる。お前の家のものを食ひ又お前の家にねるなんかとても思つても嫌だ。お前なんかと結婚なんか、もつての外だ』と云ふとすれば、君ははたして平然たることが出来るか」と、部落の人びとが差別糺弾に立ち上がったことを必然とし、当然に起こった水平運動であるから「水平運動に同情せよ」と訴えた。さらに融和運動の勃興も「水平運動の結果と見るべき」であり、「水平運動のある分子は、たしかに暴力と云ふ不正を犯しつゝある」とここでも暴力を否定しつつも、「もし水平運動がそのはげしき手を以て此れ等を振るひ起さなかつたならば、吾れ等はなほ眠むり続けてゐた」と、水平運動承認論に立脚する融和運動論者と同様、水平運動を理解する立場からの発言を行っている。

『生命』の刊行から五年後、一九三二年三月一四日の国民融和デーに合わせて『高知新聞』への掲載を前提に書かれたと思われる「差別ノ絶対的廃止へ」と題する小文（草稿）が残されている。この一文はあとで見る高知県差別撤廃期成同盟（期成同盟）関係書類の末尾に綴じられ、「秋山村長　岡崎精郎」という署名が見受けられる。この一文と五年前の『生命』とを比較してみると、そこには大きな違いが見られ、全文にわたって階級的視点で貫かれていることがわかる。

岡崎は「歴史ハ人類社会ノ進化過程」と考え、階級闘争が起こることは必然であり、階級対立を超えて社会の改造に努めなければならないと主張した。そして、明治になって部落差別は封建制度とともに消滅するはずであったが、「社会ノ内部ニ残留セル封建主義的因襲力」が意外に強く、さらに新たに登場した資本主義が階級差別を醸成したため、部落問題は解決するどころかますます深刻化し、矛盾の激化するなかで「水平運動」が「瀑発」し、「融和事業」も発生し、今日に至っているとの認識を示した。ところが、現在は水平運動も融和運動も衰退してしまっている。しかし、両者の運動の衰退は決して部落差別の消滅や問題の解決を意味するのではなく、むしろ差別は一段と厳しくなっている。そこで、われわれはいき詰まりを見せている水平運動、融和事業を改造進化させ、「真実ノ差別根絶ニ向ツテ邁進シナケレバナラ」ないとした。彼の考える部落問題の根本解決とは「残留セル一切ノ封建主義ト共ニ一切ノ資本主義ノ克服及廃止ニ向ツテ全運動ヲ集中セヨ」をスローガンとして掲げ、運動を展開していくことであった。

ここには封建主義および資本主義の克服及廃止に向けての具体的な運動は明示されていないが、彼が構想し、展開しようとした運動は大きくは農民組合の結成によって全国的な農民運動の一翼を担うことであったと考えられるし、直截《ちょくせつ》的な差別撤廃への運動としては、高知県差別撤廃期成同盟の結成による差別言動取締令制定運動の推進ということになるのであろう。

この「差別の絶対的廃止へ」の小文には、かつての人道主義者としての岡崎の姿はどこにもなく、むしろ社会主義者としての岡崎の姿が浮かび上がってくる。その意味では、かつての人道主義の衣は脱ぎ捨てられたということになるのだが、その後の彼の思想と行動をつぶさに見ていくと、あくまでもその根底には人道主義を基調とした社会主義者岡崎精郎が存在していたのである。

四　部落問題にどのように取り組んだのか

①融和宣伝

三月一四日や八月二八日の記念日に行われた高知県公道会や高知県自治団の融和宣伝活動に積極的に参加し、高知市内の街頭に立って「差別を根絶せよ」と訴えた。岡崎は「融和促進」、「我等ノ兄弟ヲ虐ゲルナ」等の襷《たすき》を掛け、頭上には「差別ヲ根絶セヨ」の大旗を掲げ、法鐘と法鼓を打ち、国民歌を歌いながら、路上で融和宣伝の演説を行っている（岡崎が使用した襷や幟《のぼり》は高知市立自由民権記念館に保管されている）。演説内容は、多くは自分自身が部落問題に無自覚であったことの反省や懺悔であった。

②隣保館建設運動

彼が特に熱心に取り組んだのは、地元秋山村での隣保館建設運動であった。高知県公道会や地元秋山村の融和団体である秋山村兄弟会などの協力も得て、隣保館建設の寄付金を募り、自己資金をも投じて、木造二階建ての秋山村隣保館が完成したのは一九三〇年一二月のことであった。高知県で初めての隣保館として注目を集めたが、特筆されるのは隣保館での託児所の開設であった。託児所は農繁期に開設され、一カ月五〇銭の保育料で幼児を保育する場所として機能した。設備としては、簡単な玩具、絵本、砂場がある程度であったが、それでも二人の職員により日々一二～三人の幼児への保育が続けられた。

③「差別言動取締令」制定運動

一九三〇年四月一一日に開催された高知県公道会第一一回総会で、秋山村から「総ての差別的言動に対する法律的取締を為す為に差別取締法を国又は県をして制定せしむる事」が議題として提出され、岡崎は秋山村長として自ら提案説明を行った。その結果、陳情書作成が決定し、岡崎は国沢三郎、藤沢行俊とともに陳情文を起草し、知事宛に提出した。翌三一年度も、再度知事宛の「陳情書」を作成し、さらに民政・政友両党議員を訪問した結果、一九三一年一二月八日、高知県会で全会一致をもって「差別言動取締令」制定を求める意見書「同胞差別待遇取締ニ関スル意見書」が採択された。

しかし、岡崎らの努力もむなしく、差別言動取締令実現に向けてのそれ以上の進展はなかったため、一九三二年度は制定運動を担う組織の結成からはじめることになる。同年四月三日、高知県差別撤廃期成同盟が結成された。部落差別は「単なる人道問題」ではなく、「実に由々しき社会問題」であり、「極度の憤激をさへ感ぜざるを得ない」として差別撤廃に向けて徹底的に取り組むべきことを力説した。頻々として起こる差別言動に対しては「合法的手段」＝「差別言動取締法」の威力により取り締まりを徹底すべきだとして、「差別言動取締法」制定をめざす団体として期成同盟を結成したと設立理由を説明した。具体的には「警察犯処罰令」に差別言動取締の一項を附加することを求めたのである。

期成同盟は広く水平運動、融和運動にかかわってきた人びとを糾合し、委員長には岡崎が就任した。委員は各郡市から代表者が名を連ねており、高知県全体をカバーする役員構成となっている。常任執行委員の大黒貢、村上亀義、香川宗一、寺田一、藤崎薫、岩村林、尾崎盛義の七人を加えたメンバーが期成同盟の活動の実質的推進母体となるが、彼らは岡崎と強いきずなで結ばれており、期成同盟の活動にとって、岡崎の存在は別格的であった。

期成同盟の活動目的は知事を動かすことであり、そのための方法として、まずは知事を公道会総会の場に出席させることを目論んだ。公道会会長でもある知事に公道会総会への出席を求める陳情書を提出し、一九三二年四月の高知県公道会第一三回総会には知事の出席が決まった。そして、知事も出席した第一三回総会では「差別言動取締令」制定を知事に求める件が可決され、知事への働きかけという点では大きな成果が得られた。それでも目標の県令制定には至らず、知事による「県令ニ代ルヘキ訓令」が八月二八日を期して発せられるにとどまった。当然とはいえ、その訓令は差別撤廃への努力を県民に求めるだけのものであり、期成同盟の希求する実効力という点ではほとんど無に等しかった。

そのため、翌一九三三年の高知県公道会第一四回総会では、「昨年発布の訓令を一層強く警察部長に徹底する様各警察署長に訓示書の配付を願ふこと」を附加条件として「陳情書を知事に提出する事、陳情起草委員は公道会に一任」することが決議された。さらに、一九三四年の第一五回総会でも、「差別言動取締ニ関スル県令制定ノ件」が議題として提出されるが、県令制定の実現には至らず、一九三五年の第一六回総会では「差別言動取締令」制定の件は議題として上程されることすらなかった。

④農民運動を通じてのアプローチ

一九三四年三月一日に高岡町昭和館で開催された全農県連第二回大会において、「因襲的差別絶対反対の件」が提案された。この提案は、「階級的立場」の「厳守」にもとづいての「因襲的差別反対斗争」宣言であり、「同じ貧農として同じプロレタリアートとして同じ同志として吾々はこの解放運動を積極的に斗はねばならぬ」として、民衆内部の差別—被差別の関係にはふれずに、「同じ」仲間として差別撤廃のためにともに闘うことの意義を強調している。この提案は原案通り可決となり、その後の具体的な行動については「新執行委員に一任」となったが、差別撤廃の動きを高知県内のみの活動にとどめることなく、全国的な動きへと発展させるべく、一〇日後に開催された全農全国大会での提案に連なっていった。

一九三四年三月一一日から三日間にわたって東京で開催された全農第一三回全国大会では、全農県連から「因襲的差別反対の件」が提案され、岡崎自身が提案説明を行い、原案通り可決された。また、全国大会後の三月一四日に開催された全農第一回常任委員会で「全水全国大会に対する件」が討議され、全農を代表して委員長の杉山もしくは岡崎が祝辞を述べることが決定される。それまで杉山委員長が全水の全国大会で祝辞を述べることはあまりなく、全農として部落差別撤廃に取り組むべきだと主張する岡崎と全農高知県連の意向が強く反映した結果と考えられる。

京都で開催された全水第一二回大会には、最終的には杉山元治郎が全農を代表して出席し、「吾全農は全水の誕生と時を同じうして生れたそして組合員の中には部落の兄弟が多数占めてゐる、社会運動の幾多の団体の中全農と全水は単なる友誼団体であつたばかりでなく兄弟の如くむしろ型を変へた同一のものである」と祝辞を述べた。

一九三五年も全農県連は前年同様に部落差別撤廃に向けての取り組みを進め、三月二〇日に開催された全農県連第三回大会では、弘岡支部から提出された「因襲的差別反対斗争の件」が可決されたと思われる。そして、前年同様、全農第一四回全国大会でも高知県連から「因襲的差別絶対反対の件」が提案されている。

⑤政治家として

三度の挑戦を経て、一九三六年高知県会議員に繰り上げ当選を果たした岡崎は、同年一二月の通常県会で「差別撤廃ニ関スル融和事業」に関する質問を行った。融和事業に関しては、「嘗テ私ハ此融和事業ニ聊カ携ツタ者デアリマス」と前置きして、かつては自分自身として精神運動に取り組んでいたが、その後経済的運動の必要を感じて経済面での解放を望むようになった。ところが、当時県当局は精神面を強調するのみで、経済的解放には目もくれず、最近になってやっと県も経済的方面を重視するようになってきた。本来、部落差別撤廃のためには精神的解放と経済的解放の両面が必要であるけれども、精神的な解放の側面を重視せざるを得ない事例の多発している現在は、その解決に向けて邁進すべきとした。岡崎は水平運動家の西本利喜からの情報をもとに差別事例をいくつか紹介していくが、最初に取り上げたのは香美郡吉川村における漁業組合の合併をめぐっての件で、部落問題が介在したとき合併に支障を来す例としてあげられた。また、同年六月に起こった、小学校における生徒間の差別事件や一一月に発生した稲生小学校講堂落成式での差別言辞、さらには喧嘩《けんか》の仲裁に入った警察官による差別言辞など、差別の事例が多く見られる状態をどう見るのか、それは融和事業の弛緩《しかん》が原因ではないのか、また「差別ヲ根絶スル所ノ徹底シタ精神的ナ方針」をどう策定していくのかなどと当局の姿勢を質した。さらに、旧戸籍簿に「穢多」という文字の記載が見られ、以前にその言葉は取り除くとされていたにもかかわらず、身元調査などで使用されている現実があることへの善処を求めたのである。

五　岡崎精郎の活動の意義

①一九三一年県会議員選挙での応援

この選挙は全国統一府県議会議員選挙の一つとして闘われ、全国水平社も福岡県の花山清をはじめ九人の立候補者の組織的支援に努めたが、その水平社から推薦された九人のなかの一人が岡崎であった。岡崎の立候補宣言（「岡崎精郎の宣言」）には立候補にあたっての抱負（「民衆政治の確立」や「人民生活権の奪還」など）が記されているが、そのなかに、「吾川郡全部落民有志代表」による推薦文が掲載されている。

推薦文では「大正十四年以来私共と共に生活し、私共の苦《(マヽ)》みを自己の苦しみとなし私共の悩みを自己の悩みとなし私共の為めに自身を捧げて、あらゆる苦難を排して勇敢に闘ひ続けられて居ります」と岡崎を絶賛し、彼に絶大の信頼を置いていたことが読み取れる。一水平運動家との出会い以降、近隣の部落はもちろん、高知市内の部落を歩き、清掃活動をはじめとする奉仕活動に専念したり、しばしば部落に入ってともに寝居したりして、決して自己の安楽を省みることはなかった。それも岡崎一人ではなく、妻鶴子との二人三脚による自己犠牲的ともいえる社会奉仕活動を行っており、その活動は刻苦精励を極めていた。そういう岡崎を評して秋山の部落の人びとは「神様」（一九三一年に農民運動のオルグに来た西尾治郎平のことば）と呼んでいたのである。

②西本利喜の想い

西本利喜（一九一五～一九六七）は、戦前、全国水平社の中央委員を務め、戦後は解放団体高知県連合会の初代事務局長を務めるなど、常に部落解放運動の一線で活動を推し進めてきた人物であるが、岡崎の影響を多く受けた人物でもあった。彼は、岡崎の葬儀の際の弔辞で、病床を見舞ったとき、「氏は病床に起きなほり、私の手を握つて、西本よ、病ひの為めに倒れたくない。犬死はしたくない、もう一度、起ち上がつて、苦難な歩を続けてゐる百姓の為め、封建的な遺制に悩む六千部落三百万被圧迫部落民の為めに、闘かはなければならない。それが自分に与へられた歴史的使命であるのだ」と涙を流して、叱咤《しった》激励してくれたとある。

西本が岡崎から受けた影響がいかに計り知れなかったかは、戦後の部落解放運動の出発日に岡崎精郎追悼演説会を予定していたことや、日農香長協議会の機関紙「土地と自由」創刊号に、「岡崎精郎の追憶」の一文を草していることからうかがい知ることができる。「土地と自由」でも病気見舞いの際の岡崎の言葉を紹介したあと、「全生ガイを人民解放に捧げつく」そうとした人物であったと回想している（『高知新聞』一九四八年二月二日）。

③土佐市長板原伝のことば

岡崎の考え方を受け継いだのは土佐市長を務めた板原伝（一九一〇〜一九八四）であった。「岡崎さんの影響を強く受けたのは勿論生前であったが柩の前に涙した時、心にやきついた〝岡崎イズム〟は遂に生涯心の糧となった」（『牛の来た道』文芸土佐編集委員会、一九八〇年）と述べる板原は、「私が部落問題に目醒めたのは秋山の隣保館であった。昭和六年秋山村長岡崎精郎氏のもとに結集された農民達は農民組合の活動を通じて部落解放の意義を知ることになった。（中略）農民解放の上に部落解放を重ねなければならないという岡崎精郎氏の主張が次第に私のものになって来たのであった」と部落問題を自己の課題として受けとめるようになってきたと記す（『続・牛の来た道』文芸土佐編集委員会、一九八三年）。そして、土佐市長として部落解放行政を推進してきたことを振り返り、「岡崎氏の教訓をうけてきた私が、今日では行政の責任者としてこの国民的課題に取り組む立場にあることは、まことに今昔の感にたえぬところである」と追憶している。

岡崎の死から二十数年後の一九六一年三月三日、全国水平社創立四〇年を記念して、京都市で部落解放四〇年記念祭が開催され、戦前の水平運動に活躍した人びとが現存者、故人も含めて表彰が行われた。高知県からは功労者として颪辺《おろしべ》寿太郎が、物故者として国沢亀、村上亀義と並んで岡崎精郎が表彰を受けた。部落外に生まれ、育った一人の人間が、部落差別の厳しい戦前において徹底的に差別をなくそうと尽力した姿が「表彰」に値すると評価されたのであり、岡崎の生き方は現在のわれわれにも部落問題とどう向き合っていくべきなのかを問いかけているように思われる。

参考文献

岡崎和郎『高知県農民運動史』和田書房、一九九九年
岡崎鶴子『追想 岡崎精郎—芸術家・教育者・農民の父』三好企画、一九九九年
高知市立自由民権記念館一九九九年度特別展図録『岡崎精郎の生涯』高知市立自由民権記念館、一九九九年
吉田文茂『透徹した人道主義者 岡崎精郎』和田書房、二〇〇八年

磯村英一――部落問題と向き合い続けた同和行政の指導者

いそむら えいいち（一九〇三～一九九七）

内田龍史

一 略歴と部落問題とのかかわり

磯村英一（一九〇三～一九九七）は、戦後の同和行政の方向性を決定づけた同和対策審議会（同対審）の調査部会長を務め、その後に設置された同和対策協議会（同対協）の会長、地域改善対策協議会（地対協）会長を歴任し、その後半生、同和行政の中心的な指導者として同和問題の解決に取り組み続けた人物である。

磯村は、一九二六年に東京市（のちの東京都）社会局に入庁以降、主にスラムなどの「底辺社会」を対象とした社会調査を担当し、東京市の区への町村合併や、東京オリンピック招致に奔走、若くして豊島・牛込・渋谷区長等を歴任する。戦後すぐは連合国軍総司令部（G

HQ）と折衝を行う渉外部長を務めたが、公職追放の後、半年ほどで民生局長として復職、さらには初代の都民室長を務め、一九五三年に東京都を退職し、大学教員へと転身する。以降、東京都立大学の専任教員として教鞭《きょうべん》を執り、日本の都市社会学を牽引《けんいん》する社会学者となった。定年後は東洋大学に移り、学長を務めた。

このような経歴を持つ磯村は、次代の都市社会学者からは学界と官界との間の「マージナル・マン」（倉沢進、一九三四〜二〇一九）、大学アカデミズム組織からの「アウトサイダー」（奥田道大、一九三二〜二〇一四）とも評されるが、日本都市社会学の「第一世代」の都市社会学者として、奥井復太郎（一八九七〜一九六五）の『現代大都市論』（一九四〇年）、鈴木栄太郎（一八九四〜一九六六）の『都市社会学原理』（一九五七年）などとともに先駆的な業績として知られる『都市社会学』（一九五三年）をはじめ、二四四八頁にも及ぶ『磯村英一都市論集』（全三巻）など、膨大な著作を残している。本稿において、都市社会学者としての磯村の全体像を示し、その評価を行う力量は筆者には到底なく、紙幅も限られているため、それらについては割愛せざるを得ない。

他方で、本書の課題である部落問題とのかかわりについては、『同和問題と同和対策』（一九八二年）や、自伝である『私の昭和史』（一九八五年）をはじめ、さまざまな文献に記されているほか、田中和男による磯村と戦後の同和行政との関係を検討した近著（「磯村英一と部落問題」）もある。本稿では、『同和問題と同和対策』と『私の昭和史』を主たる文献として、磯村の経歴と、部落問題との向き合い方について紹介するにとどめたい。

結論を先取りして言えば、磯村を部落問題に向き合わせ続けてきた原動力は、自らの貧困経験、クリスチャンである母親の影響、実践思想としてのマルクス主義、さらには「底辺社会」の人びととの交流によって生み出された、差別と不平等への怒りにあったといえよう。

磯村英一

二　母の影響とキリスト教

一九〇三年、磯村は東京の芝（現在は港区）、三田で、貿易会社を経営していた実業家の父、源透と、クリスチャンであった母、春子（一八七七〜一九一八）との間に、八人きょうだいの長男として生まれる。春子は新聞記者であり、女性ジャーナリストの草分け的存在でもあった。一九八六年にはNHK朝の連続ドラマ『はね駒』の主人公のモデルともなった人物である。

幼少期は裕福だったようで、小学校に入学する前には現在の品川駅に近い通称〝御殿山〟と呼ばれた場所に移り、そこでの生活は、品川尋常小学校、芝中学校、東京外国語学校（現在は東京外国語大学）、東京帝国大学（現在は東京大学）まで続くこととなる。

しかし、家庭環境は小学校六年生のときに激変し、「底辺生活」へと転落する。父が他人の連帯保証人となっていたことから、工場を手放したうえに病気となり、母の手ひとつで一家一〇人を支えることになったのである。「どん底」生活のなか、中学校進学前には、父からは事務見習いとして〝小僧〟の仕事に出されそうになる。しかし、母の強い勧めと、社会事業家でもあった中学校長、渡邊海旭《かいきょく》（一八七二〜一九三三）の金銭的援助もあり、月謝を滞納するなどしつつも、アルバイトの連続で家計を助けつつ、なんとか勉学を続けることができた。

高校進学を望んだが、貧しさのなかで高校・大学進学のコースは許されず、病床の父より専門学校への進学なら許可するという条件のもと、一九二〇年、東京外国語学校ロシア語科に進学する。

後述するが、磯村の生涯、さらには部落問題との向き合い方について、熱心なクリスチャンであった母の影響は決定的であった。母は自宅を教会とし、毎週礼拝を行うなどしていたが、一九一八年、磯村が一五歳のときに四二歳の若さで亡くなっていた。その死の直前、磯村は母の勧めでクリスチャンとしての洗礼を受け、教会での活動に励むことになる。また、母親が新聞記者であったことから、自身も新聞記者を志し、東京外国語学校卒業後、一九二三年に東京帝国大学文学部社会学科に編入する。

同年九月、関東大震災を経験する。その際、母が設立した教会において、牧師から罹災《りさい》者の立ち退きを求められたことから教会とは決別することになるが、それまでの教会での活動において、神戸でセツルメントをつくっていた賀川豊彦（一八八八〜一九六〇）と出会い、その後も交流を深めることになる。賀川の前半生を描いた自伝的小説『死線を越えて』は、バイブルに比すべきものとして愛読したという。

三　東京帝大セツルメントとマルクス主義

関東大震災後は東京市のアルバイトとして救助活動を行っていた。また、当時東京帝国大学文学部社会学科の助教授であった戸田貞三（一八八七〜一九五五）が留学先のシカゴから帰国、シカゴのスラムにおける黒人の生活向上のために設立されていたセツルメントにならい、各学部の協力を得て東京帝大セツルメントが発足したことを受け、磯村ら社会学科の学生も参加することになる。

このセツルメント活動において、のちにジャーナリストとして活躍した大宅壮一（一九〇〇〜一九七〇）、共産党員として活動し、同党初の国会議員となった志賀義雄（一九〇一〜一九八九）、マルクス主義歴史学者となった服部之総《はっとりしそう》（一九〇一〜一九五六）らとの交友がはじまり、マルクスの『資本論』などを原書で読み、お互いの学問を深めるなど、そこでの学習によって自称〝実践するマルキスト〟として成長し、地下組織組合活動にも携わることとなる。

学問的には京都大学の学者に傾倒しており、日本の社会問題の中核を衝《つ》いていたと評価する被差別部落出身の社会学者、米田庄太郎（一八七三〜一九四五）の著書が、のちの同和問題への接近の一つの原因となったと述べている。さらに、師である戸田貞三は日本の家族社会学の礎を築いた社会学者であるが、内婚・外婚原理を考察した戸田による「階級的内婚制に就いて」（『社会学雑誌』日本社会学会、一九二六年）と題する論文に磯村は自分の関心を重ねており、「私が現在でも、日本の〝同和問題〟に関心を持ちつづけ、その問題の中核がこの族内結婚―階級内結婚につながっているから」だと述べている［齋藤直子 二〇二二］。

四　東京市職員から大学アカデミズムへ

昭和初期は世界的な不況の嵐に襲われていた。磯村は、病床にあった父と弟妹の生活のために収入を必要としたことから、アルバイトをしていた東京市の試験を受け、一九二六年、東京市社会局に就職する。卒論指導を受けた戸田貞三にその報告に出向いたところ、「学問をするために大学に入ったんだろう。就職したって学問を忘れないようにし給え」と、ぴしゃりと玄関の戸を閉じられたことを契機として、以降、二十数年の役所生活においても絶対に学問を忘れなかったという。

磯村は、東京市でのアルバイト時代、東京市社会局職員として都市下層社会の社会調査に携わっていた草間八十雄《やそお》（一八七五〜一九四六）と出会っていた。草間は、東京市に就職して間もない磯村を浅草に連れ出し、観音様のお堂の下にたむろしていたハンセン病患者と出会わせ、若い磯村を「かわいがってやってくれ」と紹介した。するとその一人が握手を求め、次の瞬間、その患者と磯村は手を握り合っていた。磯村はこの出来事を生涯を通じての劇的な瞬間の最たるものとして、二回目の〝洗礼〟であったと振り返っている。

この〝洗礼〟以降、社会事業のための社会調査に邁進《まいしん》し、都市「底辺社会」としての〝細民地区〟〝貧困地区〟〝不良住宅地区〟などと呼ばれた「スラム」、「浮浪者」、「売淫」などに関心を寄せることになる。

一九五二年、自身が提案した予算が都議会で否決されたことの責任もあって、東京都に辞表を提出して退職、一九四九年に創立されて以降、非常勤講師として夜間の講義を受け持っていた東京都立大学に教授として赴任する。そこでは、学会の本流をいく人びとから〝役人上がり〟として白い目で見られたことも忘れられない記憶であると述懐している。

大学では戦後東京のスラムの悉皆《しっかい》調査や、盛り場の調査を次々に実施していくほか、都市社会学研究を進め、のちに都市の未来像を展望する論述も多数残すこととなる。

東京都立大学を定年退職後、一九六七年に東洋大学教授となり、一九六九年六月には同大学学長に就任し、三期務めることとなる。一九八二年に退職するまで東洋大学で研究を続けた。

五　部落問題との出合いと家庭教育への言及

磯村がその後半生に部落問題と向き合い続ける原点となった、部落問題との出合いについては、以下の三つのエピソードが残されている。

一つめは、学校関係である。小学校に入学した最初の教室で、教員が級長と副級長を決める際、最初の級長を〝士族〟から指名する、「士族は手をあげなさい」といい、五人の級友が手をあげた。「次に平民は」といい、あとの全員が手をあげると、その教員は「何だ、このクラスに新平民はいないのか」と続けた。すると、すでに手をあげたなかから、三人の友だちがわずかに手をあげたという。

二つめは近隣関係である。磯村が小学校に入る前後、隣家に立派な住宅ができた。その家は夫婦と祖母の三人暮らしで、不思議なことに、近所の人びととの交際がまったくなかった。しかし母は、その家との交際を持つだけでなく、磯村をその主人のところに絵を学ばせに通わせた。なぜ近隣との交際がないのか不思議に思っていたが、いつの間にか近所で、磯村の家はあの家と付き合っているという噂《うわさ》がたった。なぜそうなるのかわからなかったが、そんな噂を聞くと、子ども心に不安だったという。ある日学校の友だちから「お前どうしてあんな家に行ってるんか」と聞かれた。「なぜそんなことを?」というと、「あれは〝新〟だ」という。その意味がわからず、家に帰って母にどういう意味なのかたずねたところ、母は、そのような表現をすることが間違いであり、昔は武士が支配していたが、今日では〝士族〟として名称が残っているだけである。どんな仕事をしていても、人間は同じだということを語ってくれた。「この一言が、今日の私に強いきずなとなって残っている」と述べている。

三つめは、母の弟（叔父）の妻（叔母）の事情である。叔父には子どもがいなかった。自身のきょうだいが多かったこともあり、あるとき、叔母に「どうして子どもを生まないの」と聞いたところ、「叔母さんは子どもを生めないの」と寂しそうに答えた。その夜、母方の祖母になぜかと聞いたところ、「叔母さんは、身分を気にして、子どもをつくらないだろう」というのが答えだった。この、〝身分〟という言葉が、身分差別、同和問題につながる重要な課題であることにのちに気づくことになる。

これら子どものときに部落問題につながる直接見聞きした経験、それに対する母親の姿勢は、磯村の部落問題との向き合い方にとって決定的であったようで、のちに同和教育・人権啓発の重要性を指摘する際に、家庭教育が重要であることに言及しており、同和問題を知識としてのみ学校で教えることへの危惧を呈している。

六　田原春次・松本治一郎との出会い

その後、磯村が部落問題への認識を高めた契機は、田原春次（一九〇〇～一九七三）との出会いであった。中学生時代にサークル活動の一つとして〝弁論部〟があった。一級上に板垣退助の孫にあたる生徒がおり、自由民権の立場から「華族は一代で良い」と主張していた。しかし磯村は、祖母や母から身分制度そのものの不合理を聞いていたため、華族全廃論を主張した。

中学卒業後に進学した東京外国語学校には〝反大学昇格運動〟という伝統があり、その運動は東大・早稲田大・慶應大などの学生組織からの支援を求めていた。その活動において、当時早稲田大学の雄弁会を代表していた田原と親しくなる。磯村がその集会で述べた、中学からの持論である華族全廃論に、田原が関心を持ったからである。

田原はのちに地元福岡県から代議士となり、社会党で部落解放運動の先頭に立つことになる。その田原を介して部落解放運動の指導者であった松本治一郎（一八八七～一九六六）を紹介され、戦前において自由・民権・人権等を社会運動のなかで教わることとなったという。

七　ハーバート・パッシンとの出会い

磯村が部落問題のかかわりとしてもう一点指摘しているのが、ハーバート・パッシン（一九一六～二〇〇三）との出会いである［磯村英一・山本登・森田利夫・炭谷茂 一九九四］。ハーバート・パッシンは、シカゴ大学人類学部を卒業し、のちにコロンビア大学教授を務め、

『日本近代化と教育』などの主著がある社会人類学者である。戦時中にアメリカ陸軍日本語学校で学んだ後、人類学者であり、世論調査の経験があったことから、一九四六年に連合国最高司令官最高司令部（GHQ）民間情報教育局（CIE）の一員として来日し、世論および社会調査部（PO&SR）で部長として各種調査研究を行った。

来日以前から日系人社会のなかでの部落差別による結婚差別問題に直面した経験を持ち、部落問題に関心のあったパッシンは、当時、東京都の渉外部長であった磯村に、日本の部落問題についてたずねた。その理由は占領政策のためには日本の階級制度、部落問題を研究する必要があるということで、日本社会の民主化のためにも同和対策が必要であることなどを検討しており、各地で部落の実態調査を手がけた。そのパッシンとは、部落問題のみならず、さまざまな人権問題について話し合ったという［ハーバート・パッシン・磯村英一 一九八四］。

八　同和行政の指導者として

磯村が同和問題の政策策定に表立って参加するようになったのは、一九六一年一一月に同和対策審議会の委員として参加したことに始まる。会長に選ばれた木村忠二郎（一九〇七

〜一九七八)、委員の北原泰作《たいさく》(一九〇六〜一九八一)や山本政夫(一八九八〜一九九三)は、東京都民生局時代から社会福祉問題について常に指導・協力を得ていた間柄であり、磯村は東京市・都や東京都立大学などでの研究・調査の経験が買われ、調査部会長となった。

磯村は答申の起草者の一員ともなっていたが、委員や専門委員の全員の同意を得るのに四年が経過し、一九六五年八月一一日に答申を提出することになった。

その結果、一九六六年、政府は総理府に同対協を設置し、同対審答申の趣旨に沿っての法制化が協議され、一九六九年に同和対策事業特別措置法(同対法)が施行される。同対協の会長は、二期までを堀木鎌三《けんぞう》(一八九八〜一九七四)が務めた後、三期からの六期までの一九七二〜一九八二年、同対協廃止まで、磯村が会長を務めることになった。

同対法は一九八二年三月に廃止され、同年四月に地域改善対策特別措置法(地対法)が施行されたのにともない、地方改善対策協議会(地対協)が設置され、磯村が初代会長に就任し、以降一九九二年まで会長を務めた。地対協は数回にわたって意見具申を提出しているが、一九九三年の総務庁全国実態調査を受け、一九九六年五月に最後の意見具申を提出、一九九七年三月をもって解散した。

一九九二年には地域改善啓発センター(一九八七年に設置、一九九七年からは人権教育啓発推進センターに改組)理事長に就任、逝去するまで同和教育・啓発を推進、さらには人権教育・

啓発の必要性を主張した。

なお非部落民として同和行政のリーダーとなった磯村の立場性の自覚は、部落との出会いを記した「母・師・友人…」（部落解放研究所編『出会い―私と部落三〇〇万人』所収）というエッセイにその一端を垣間見ることができる。磯村は、同和対策審議会の草案をまとめる立場となって、「〝始めて〟ではないが、水平社宣言の重要性、地区対策の必要性を〝身をもって〟知ることになる。しかし、真実は、やはりその〝身分〟を経験しないではという反省は、今日でもぬぐい去ることはできない」と述べ、非部落民として同和対策にかかわることへの躊躇《ちゅうちょ》を開陳している。しかしながら、「差別問題は〝国民的課題〟なのである。たとえ被差別の身分に属さないでも、否、属さない者こそ、果すべき役割が多い」とも述べており、自身が作成にかかわった同対審が「その早急な解決こそ国の責務であり、同時に国民的課題である」と示したように、自身も含め、日本社会における差別する側としてのマジョリティとしての非部落民の果たす役割を強調したといえよう。

九　民間団体への提言と「人権基本法」構想

磯村が会長を務めた同対協以降、運動団体の対立、さらにはその背後にある政党対立から、各団体の代表者が議論の場に参加し、調整することが難しい状況に陥っていた。運動団体の対立は、特に地方自治体における同和行政の円滑な推進に支障をきたしていた。こうした混迷の要因を、磯村は、行政が部落問題の本質を理解せず、その認識を持っていないことであるとしつつも、運動団体の対立も行政の対応を消極的にしている一因であるととらえ、民間運動団体の一致した協力を呼びかけていた。

そうした経緯もあり、一九八四年の地対協意見具申「今後における啓発活動のあり方について」では、「民間運動団体の行き過ぎたいわゆる確認、糾弾をはじめとする行動形態に起因すると考えられるこわい問題であるとの意識の発生、あるいは差別の解消に向かっての民間運動団体の活動相互間において生ずる不協和音がもたらす混乱等の種々の心理面における問題点も生じている」という見解を示しており、それに続く一九八六年の地対協意見具申「今後における地域改善対策について」においても自治体や運動団体のあり方への疑義を重ねたことから、部落解放同盟から批判を受けることとなった。

磯村の問題意識は、部落問題をいかに国民的課題として認識させ、コミュニティ、すなわち伝統的・階層的なタテ関係ではなく、ヨコ関係を重視する、身分や地位の差別なき地域社会、さらには人権が尊重される市民社会をいかに形成するかにあったと推測される。たとえば、部落問題を国民的課題とするための一つの方法として、栃木県で組織された県民による各種の団体が、運動団体と協力して行政を推進する運動として組織されてきたことを高く評価している。

さらに磯村は、国際的な視点も踏まえ、同和問題はできるだけ広い〝人権問題〟の視点から取り組まれるべきであることを主張し、人種・性別・宗教等の差別をなくすための総合的な立法としての「人権基本法」構想を提起することになる。残念ながら、日本ではいまだ総合的な差別禁止法は制定されるに至っていない。

一九九七年四月、磯村は、亡くなる前日にも理事長を務めていた人権教育啓発推進センターに出勤、総務庁での打ち合わせなどを済ませたその夜、自宅近くでタクシーを降りた直後に倒れ、翌日、帰らぬ人となった〔米村善男 一九九七〕。九四歳まで生涯現役を貫いた磯村の生き様に、部落問題と向き合い続け、差別のないコミュニティの形成を指向したヒューマニズムの精神を見ることができよう。

付記　本稿は、本書のもととなった雑誌『部落解放』での特集に寄せた拙稿「同和行政の指導者―磯村英一」『部落解放』（第七四六号、二〇一七年九月）に、若干の変更を加えたものである。

参考文献

磯村英一『同和問題と同和対策』解放出版社、一九八二年
磯村英一『私の昭和史』中央法規出版、一九八五年
磯村英一『磯村英一都市論集』全三巻、有斐閣、一九八九年
磯村英一「母・師・友人…」(部落解放研究所編『出会い―私と部落三〇〇万人』解放出版社、一九九一年)
磯村英一・山本登・森田利夫・炭谷茂「座談会 四半世紀を振り返って」(総務庁長官官房地域改善対策室編『同和行政四半世紀の歩み』中央法規出版、一九九四年)
奥田道大「同時代と未来の都市への未完の問い」(『日本都市社会学会年報』第一六号、一九九八年七月)
金井宏司『同和行政―戦後の軌跡』解放出版社、一九九一年
倉沢進「解説『はね駒』から『都市社会学』まで」(磯村英一『磯村英一都市論集I』有斐閣、一九八九年)
田中和男「磯村英一と部落問題」(世界人権問題研究センター編『問いとしての部落問題研究―近現代日本の忌避・排除・包摂』二〇一八年)
齋藤直子「結婚差別と「家」制度」(朝治武・黒川みどり・内田龍史編『現代の部落問題』〈講座 近現代日本の部落問題 第三巻〉解放出版社、二〇二二年)
同和行政史編集委員会『同和行政史』総務省大臣官房地域改善対策室、二〇〇二年
ハーバート・パッシン・磯村英一「戦後「同和行政」史を行く―占領行政下の部落問題」(『部落解放』第二一一号、一九八四年三月)

中筋直哉「磯村都市社会学の揺籃―東京帝大セツルメントと戸田社会学」（『日本都市社会学会年報』第一六号、一九九八年七月）
吉原直樹「二〇世紀・東京・磯村都市社会学――一つの覚書」（『日本都市社会学会年報』第一六号、一九九八年七月）
米村善男「磯村英一先生の死を悼む」（『よろん』日本世論調査協会報、第八〇巻、一九九七年一〇月）

朝野温知（李壽龍）――民族を超えた「人間性の原理」を求めて

あさの よしとも（イ・スリヨン）（一九〇六～一九八二）

水野直樹

一 水平社宣言に「救い」を見出した朝鮮人

私が朝野温知の名前を初めて目にしたのは、『部落解放』第五一号（一九七四年二月）に掲載された朝野の「在日朝鮮人と部落解放運動の連帯について」という文章によってである。雑誌の発行から一〇年以上経ってからのことであったと思う。しかし、朝鮮近代史や在日朝鮮人の歴史を研究課題とする私にも、朝野温知という人物はまったくなじみがなかったため、あまり気にとめることなく読み流した。その後、治安維持法体制のもとで保護観察処分を受けた京都在住の朝鮮人として「李壽龍」という名前を目にすることになり、これがどのような人物で、いかなる活動で治安維持法により投獄されたのかを明らかにしたいと考えるようになった。すぐには関係資料を探すことができなかったが、戦時期に朝鮮で発行されていた雑誌『緑旗』に李壽龍の名前で発表された文章を見ていたところ、一九四〇年九月発行の『緑旗』に「朝野温知（旧名李壽龍）」と記されているのを見つけて、朝野温知＝李壽龍であることがわかった。さらに『朝野温知遺稿集』などによって、朝野が戦前の水平運動、戦後の部落解放運動に深いかかわりを持った人物であることを知り、部落問題と在日朝鮮人との関係を考えるうえで朝野の歩みを明らかにする必要があると考えるようになった。

被差別部落と在日朝鮮人という問題はしばしば取り上げられるものではあるが、両者の関係を歴史的に跡づける研究はほとんどないといってよい。朝野は在日朝鮮人社会にあまり縁のない存在であったので、朝野を通じて両者の関係を明らかにすることはできないが、水平社宣言の理念に深く共感し、部落解放運動に身を投じた朝鮮人として朝野の歩みを跡づけることにはそれなりの意味があると考え、関係資料を集めてきた。

前述の文章で朝野は、水平社宣言にふれた時のことを次のように記している。

水平宣言の末尾にあるあの有名な言葉――人の世に熱あれ、人間に光あれ――これは人間社会に絶望してきた者でないと叫べない言葉である。そして「吾等は人間性の原理に

晩年の朝野温知師（70 歳）

覚醒し、人類最高の完成に向って突進す」という綱領に含まれている精神は人間の尊厳を踏みにじられてきたものが、なおかつ自らの尊厳を誇らしく主張するとともに、それに値いする人間になろうとする理想を抱いている者の、やみがたい願いであった。ガンジーに傾倒し、親鸞に憧れて、そこまで辿りついてきて、暗中模索に疲れていた私にとっては、これは全く救いの呼びかけでもあった。（「在日朝鮮人と部落解放運動の連帯について」『部落解放』第五一号、一九七四年二月）

朝野温知（朝鮮名・李壽龍、一九〇六〜一九八二）は、朝鮮に生まれ、満一八歳で日本に渡ってきた。朝鮮民族の一員として、また人間としての解放を求めて思想的遍歴を繰り返した一人の朝鮮人青年が水平社宣言の「人間性の原理」に自らの救いを見出し、部落解放運動に身を投じたことを、この文章は伝えている。

朝野温知は、部落解放運動の歴史においてある程度知られているが、戦前の水平社の運動と戦後の部落解放同盟の運動に参加した唯一の朝鮮人であること、真宗大谷派（東本願寺）の僧侶として部落解放運動に深くかかわった人物であることなどを考えると、その存在はもっと知られてよい。朝野が残した文章は、『宗教に差別のない世界を求めて―朝野温知遺稿集』に収められているが、それに収録されていない文章をも参照しながら、李壽龍＝朝野温知の生涯と部落解放運動とのかかわりをたどることにしたい。

二　日本での放浪と思想的遍歴

李壽龍は一九〇六年、朝鮮（当時は大韓帝国）の京畿道坡州《パジュ》郡に生まれた。ソウルから北西へ四〇キロほどの農村で、現在は南北朝鮮を隔てる軍事境界線のすぐ南に位置している。いわゆる両班《ヤンバン》の家だったというが、父の代で没落したため、幼い頃にソウル（当時は京城）に出て商店などで働いた。ソウルで近代文化にふれることになった壽龍は、日本で勉強したいと思うようになり、一九二四年に友人李北満《イブンマン》（一九〇六～五九）とともに日本に渡った。しかし、関釜連絡船のなかで受けた差別は、日本への憧れを失わせた。

一歩船に乗りかけてからは、そこにかもしだされた異様な雰囲気につよいショックを受けた。それはまさしく、植民地と本国とを結ぶ支配国の露骨な正体の誇示であった。／タラップから船室に行くまでの間、私はいやというほどに、「お前は鮮人だぞー」ということを知らしめられたし、同じ料金を払っている筈だのに、わたしたちは三等船室でも、もう一段低い船底に詰めこまれた。そして下関で下船する時には、降り口が違っていて、税関の検査も厳しく、係員の態度も傲慢で、すくなからず自尊心を傷つけられた。

（朝野温知「わたしの履歴書1」『部落』第一九号、一九六七年四月）

朝鮮総督府の御用新聞『京城日報』の東京支局で働くようになった壽龍は、口先だけで「内鮮融和」を唱える支局長と対立して、そこを辞めた。これ以降、友人李北満とは異なる途を歩むことになる。李北満はその後も東京で社会主義活動家・文筆家として活躍し、中野重治の詩「雨の降る品川駅」（『改造』一九二九年二月初出）の副題に「×××（御大典）記念に──李北満 金浩永におくる」と名前が記されることになる。

東京を離れた壽龍は、京都で東本願寺を訪れ、社会課長武内了温《りょうおん》（一八九一～一九六八）に出会うことになった。一九二五年一一月頃のことだった。京都山科にある武内の寓居《ぐうきょ》に住むことになった壽龍は、そこにある多くの書籍やパンフレットを読みあさった。すでにガンジーなどの思想にふれていたが、仏教関係の書籍や水平運動のパンフレット──『よき日の為めに』など――を読んだ。日本に「特殊部落」というものがあることを知り、強い関心を持った壽龍は、翌年武内に頼んで滋賀県河瀬村（現在の彦根市）広野の説教所に派遣されることになった。農繁期託児所の手伝いをするためだった。しかし、説教所が住民を「指導教化」の対象としてしか見ていないことに疑問を持ち、半年ほどでそこを離れ、一時朝鮮に帰ったあと、西日本各地を放浪したり、大谷大学専門部に特別学生として入学したりして、ふたたび河瀬村にもどった。しかし、やはり寺（壽龍が離れていた間に説教所は普賢寺に昇格していた）のあり方に疑問を持ち、一九三二年に部落のなかに家を借りて住むことになった。「土方」仕事や農家の手伝いなどをしながら、朝鮮人土木労働者の争議を応援する活動にもかかわった。

三　アナーキズム運動・水平運動と「転向」

李壽龍は、「自我」を強調する立場からあらゆる権力を否定するスティルネルの思想や、相互扶助論を唱えたクロポトキンの無政府主義などの影響を受けて、アナーキズム運動に参加することになった。一九三三年から彦根で『自由評論』という月刊誌を発行して、アナーキズム運動を展開した。祖父や父から儒学を押しつけられたことへの反発から、絶対自由を主張するアナーキズムに近づいた、と朝野は後年述べている。

一方で、高松差別裁判事件の糾弾闘争の頃から水平社にもかかわりを持つようになった。一九三三年頃大阪の水平社本部に出向いて松本治一郎や井元麟之《りんし》らと会った。一九三四年五月、滋賀県の愛知川《えちがわ》署の警官が部落民を盗みの疑いで逮捕し拷問を加えた事件に際しては、水平社本部と連絡をとって糾弾闘争を展開し、次いで翌年五月には同じ愛知郡の日枝《ひえ》小学校教員が部落の生徒に暴行を加えた事件に際しても、滋賀県の水平社活動家藤本晃丸らとともに糾弾闘争を展開した。

このようにアナーキズム運動、水平運動に精力を注いでいた李壽龍は、一九三五年秋に無政府共産党事件に連累したとして検挙され、治安維持法違反で二年六カ月にわたって投獄された（警察署での留置と未決・既決の期間を合せて二年半と思われる）。壽龍は無政府共産党に加入していたわけではなく、他の被告とは別に裁判も単独で受けたようである。

刑務所での服役中、ふたたび親鸞の教えを深く認識するようになり、「転向」を表明した。出獄後、兵庫県にある武内了温の寺（松林寺）に住みながら、『教学新聞』や『国民思想』（国家主義者中谷武世らが運営する国民思想研究所の雑誌）などに多くの文章を発表した。また、一時朝鮮に帰ったり、「転向者」の団体である神戸昭徳会に参加したりもした。

この頃から李壽龍は「朝野温知」の名前で文章を書くことが多くなった。アナーキズム

朝野温知（李壽龍）

運動の時期には「朝野哲」を名乗っていたこともあるが、一九四〇年に実施された創氏改名政策によって「朝野温知」になったようである（一九四一年に出した著書『佛道に生きる』の奥付では、温知に「おんち」というルビがふられている）。

獄中での「転向」によって、朝野は二つの問題をあらためて真剣に考えるようになったという。一つは、親鸞の教えである。服役中に武内了温が差し入れてくれた親鸞の書などを熟読して、一〇年前からふれていた親鸞の思想を深く理解するようになった。

もう一つは、自らが朝鮮人であることを再確認したことである。「朝鮮人であることも、肉親がいることも、その他わたしの自由を拘束し、尊厳を認めない、あらゆる制約を否定したかった」と記しているように、朝鮮人であることを否定する気持ちからアナーキズムを信奉していたが、アナーキズム運動、水平運動にかかわるなかでも、朝鮮人であることからさまざまな差別を受けた。

私は飢餓線を何年間も彷徨して涙ながらに、人の与へる冷飯を食った経験が嫌やと言ふ程ある人間であり、朝鮮人だと言はれて悲哀に泣いたことは幾度あったか知らない人間なのだ。（「半島インテリの指嚮」5『教学新聞』一九三九年八月二日）

わたしは部落差別と、民族差別の二重の差別のなかにあり、特高の連中には「朝鮮人のくせに水平運動なんて生意気だ。」といってなぐられもした。反面には朝鮮の仲間からは毛色の変った者と見られていた。（前掲「わたしの履歴書2」）

儒教への反発から朝鮮の文化や社会のあり方を嫌っていた壽龍だったが、出獄後、時局対応全鮮思想報国連盟（「転向」した元思想犯が戦争協力を目的に組織した団体）の大会に出席するために朝鮮に帰ったあと、「今度こそ私は自分が朝鮮人であることをハッキリ識った。私は朝鮮が好きになった。もう理窟を抜きにして、私は朝鮮人が好きになった」（李壽龍「京城へ帰って」1『教学新聞』一九三九年一一月二日）と書いている。さらに、次のように書いて、日本による同化政策・皇民化政策を批判してもいる。

現在内鮮一体が高調されてゐるが、それは半島的なもの、コントロールであり、日本的なもの、無条件模倣であるかの如くに言はれる向きもあるやうだ。これは許されないことである。日本にだって欠陥はあるし、半島にだって立派なものはある。だから一方的強制をやることは半島を誤らすのみでなく、人類文化を攪乱することである。（「半島に於ける新生活運動」5『教学新聞』一九四〇年三月三日）

四　水平運動への期待と批判

李壽龍という朝鮮人青年が水平運動にかかわるようになったのは、水平社宣言に「人間性の原理」を見出したからであるが、それとともに水平運動が朝鮮人の置かれている状況を解決する活動に取り組むことを期待したからでもあった。

懲役刑を終えたあと、李壽龍の名前で『教学新聞』に六回にわたって連載した「内鮮一体化運動の一角―被差別部落在住半島同胞問題に就いて」（一九三九年七月二八日～八月三日）で、日本に渡ってきた朝鮮人が部落に多く住んでいることを指摘して、「そこは内地に居住する半島同胞に取っての楽天地である。内部〔部落〕同胞の人懐かしさと世話好きな習性は、この迷惑な同居者達と割合ひに円満にやっている」としながら、部落民と朝鮮人との間には考えるべき問題があるとする。

最も重要なことは、根底に於て結び合ふ、人間的接触を強化せしめる精神的根拠となるべきものがないことである。内部同胞は幾分日本人であると言ふ誇りを持ち、半島同胞は自分達は白丁〔朝鮮の被差別民〕ではないと言ふ自負に心秘かなる満足を感じている。

（『教学新聞』一九三九年八月二日）

このように述べたうえで、融和事業完成一〇カ年計画が展開されていること、また一方では「内鮮一体化運動」が唱えられていることを踏まえて、部落問題への取り組みにあたっては朝鮮人の問題を見落とすべきでないと訴えたのである。

さらに、戦時体制の強化のなかで全国水平社が融和運動団体とともに大和報国運動を展開するようになったとき、朝野温知は、部落内の朝鮮人の問題を取り上げない限り大和報国運動は成果を得ることができないことを指摘する文章を発表した（「融和新体制に対する若干の批評と希望」完『教学新聞』一九四〇年一二月二八日）。それは水平運動に寄せた期待を持ち続けていたことの表われであった。

朝野は、一九四一年から京都にある要保護少年収容施設常磐学園で保護係を務めることになった。いわゆる「不良少年」を更生させ、軍需工場などで働かせるというのが、その役割だった。常磐学園は一九四三年に産業青少年特別錬成京都道場となり、朝野はその主事となった。

朝野はのちにここでの仕事を振り返って、「私が八紘一宇や聖戦を連呼し、手におえない連中には怒声をあびせるようなこともしたのだから、今から考えると、私の一生を通してもっとも正体を失っていた時代だったと、冷汗がでる」と述べている。(「部落の保育園長(1)」『教化研究』第六二号、一九七〇年六月)

五　戦後の部落解放運動のなかで

日本敗戦のあと、朝野は京都の南梅吉らが組織した「因襲差別撤廃同盟」に一時かかわり、それを「人種解放同盟」に改称させたというが、活動方針の古臭さに批判的であった。一九四六年二月に部落解放全国委員会が結成されると、南梅吉らのグループを離れ、正式に得度して真宗大谷派の僧侶になり、東本願寺社会部から同和事業滋賀県駐在員として滋賀県木之本町(現在は長浜市の一部)の部落に派遣されることになった。朝野の主目的は部落解放運動を行うことにあったため、木之本では読経や葬式など仏事にあまり時間を割かなかった。そのため、部落住民、特に年配の住民から非難の声が出たという。

一九四六年八月、彦根市の城東小学校講堂で五〇〇人が参加して、滋賀民主同盟の結成大会が開かれ、朝野は組織部長に選ばれた。民主同盟は部落解放全国委員会の滋賀県支部という位置づけだったが、それを表面に出すと滋賀県では反発が強いと判断したため名称を民主同盟にしたといわれる。朝野は民主同盟委員長の中村治一郎とともに全国委員会本部の役員になっており、一九四九年に民主同盟が部落解放委員会滋賀県連合会となった際には、書記長に選ばれた。

その間には、滋賀県北部での食糧メーデーや部落内民主化闘争・町政刷新運動、警察署による差別事件への抗議運動などに取り組んだ。無理がたたって栄養失調で倒れたこともあるという。

一九五〇年二月、かつぎ屋の一団が京都からの列車内で警官五名に暴行を加え、能登川駅で逃走するという出来事が起こった。行きの列車で大量の闇米を没収されたことへの報復だった。警察は多数の武装警官を動員して能登川周辺の部落で十数名を検挙したため、それに抗議する活動が展開された。また同じ時期に彦根市で失対労働者（多くは部落住民だったという）による「職よこせ」交渉が行われていたが、朝野はこれらの活動で中心的役割を果たす人物となり、警察や検察から目の敵《かたき》とされた。

朝野は、「生活環境の相違や生活感情の違い」から外国人登録をしていなかったため、一九五一年一月、外国人登録令違反で検挙され退去強制命令を受けて、長崎県の大村収容所に収監された。朝野の釈放を求める運動が村の有志や東本願寺、部落解放同盟、社会党などによって展開され、朝野はかろうじて朝鮮への送還を免れた。

収容所から釈放された朝野は、しばらく滋賀県に帰ることを許されず兵庫県の松林寺で

「蟄居《ちっきょ》」したあと、一九五二年六月に木之本町に帰った。検挙前から始めていた託児所を認可保育園に拡張し、同和保育の運動に力を注いだ。一九六二年に日本国籍を取得したあと、一九六三年から木之本町議会議員を一期務めたほか、部落解放同盟においては、一九六五年から五期連続で滋賀県連合会副委員長、一九六八年からは中央委員を務めた。

このように滋賀県の部落解放運動において朝野は重要な役割を果たしたが、木之本の部落における朝野の立ち位置は、微妙なものであったようである。部落解放への熱意を抱いて活動を展開する朝野を支えるグループも存在したが、一方で保育園の運営や同和対策事業の進め方をめぐって朝野の「独善的姿勢」を非難する声もあったという。また、仏教行事に朝野があまり力を注がなかったことも、年配の住民から敬遠され背を向けられる原因だったようである。「非部落民」であり「もと朝鮮人」である朝野が部落民になりきる覚悟を持って部落解放のために全力を尽くしたことは間違いないが、部落住民との間の距離は完全に解消されたわけではなかったと思われる。

六　真宗大谷派における部落解放運動

戦後における朝野の活動として注目すべきことは、大谷派の僧侶でありながら、部落問題に無関心・無感覚な同派の体質やそのような体質をつくり出した同派の歴史を批判して、教団改革を主張したことであろう。朝野は師と仰ぐ武内了温の死去に際して、次のように書いている。

師が部落問題に心根を傾注されたのは、宗門の古い殻を破り、支配階級に利用された真宗の信仰を、新しい時代に則したものにもどそうとする熱情からであった。水平運動が適切にそのことを指摘し、この運動の力と結ばないでは間接直接に宗門の改革をなしえないことを痛感されたからである。（「憶・武内了温師」『遺稿集（上）』）

朝野がこのように書いた翌年の一九六九年、大谷派難波別院輪番僧が起こした差別事件は、まさに大谷派教団がそれまで経験したことのない危機であると、朝野はとらえた。この事件に対する糾弾が行われたとき、朝野は部落解放同盟中央委員でありながら、大谷派同和会の幹部として糾弾を受ける立場にあった。差別事件によって問いかけられた問題を大谷派全体が受け止めていないことに、朝野は心を痛めたという。

一九七七年、東本願寺の大師堂（現在の御影堂）で時限爆弾が爆発するという事件が起こった。「闇の土蜘蛛」を名乗って新聞社に送られた犯行声明は、大谷派が日本国家とともにアイヌモシリを侵略し、部落民などを搾取してきたと非難するものであった。これに対して大谷派がとった姿勢に重大な問題を感じた朝野は、一九七九年の大谷派同和関係寺院協議会総会で「同朋《どうぼう》教団建設を訴える」と題する提言を行った（『遺稿集（下）』）。

この文章で朝野は、大師堂爆破事件の持つ意味を、「東本願寺教団が内容的に二重性格を持っていて自民族の発展のためには、他の民族を侵略することにも寛容であったことに対する、一つの膺懲の方法」であると受け止め、部落を温存し、教団内部でも差別を行っている大谷派教団の体質を根本から改めることを主張したのである。「非民主的な貴族主義に絶対反対し、親鸞主義に徹した御同朋御同行の教団確立」が必要であり、教団内部に見られる差別事象を根絶し、同和地区寺院を社会事業の拠点にしなければならないと朝野は訴えた。その根底には難波別院輪番差別事件、大師堂爆破事件で問われた大谷派の歴史をとらえ直さねばならないという朝野の切羽詰った思いがあった。大谷派教団が「被抑圧民族をつくりあげた天皇制日本に密着して生き延びてきたということに対する、王法為本的な御用教団的性格への反省」をしなければならないこと、大谷派が差別・被差別の問題を取り組むときに唱える「同朋」という概念が日本人だけに限られたものとなってはならないことを主張して、次のように書いている。

東本願寺派教団が、現在の泥沼的苦悶から抜け出して、同朋教団として再生を願うなかで考える『同朋』とは誰を名指すのかというような奇妙な設問をすべきでなく、われわれの目指す『同朋』とは世界中のすべての人間であって、島国に閉鎖されて生きている皇国臣民的な感覚でしか、親鸞教学が認識されない人々のみをいうのではないことをハッキリしてくれということである。(「同朋教団建設を訴える」『遺稿集(下)』)

朝野は、アイヌ、沖縄人、朝鮮人、台湾人などに対して皇国臣民となることを強要した日本帝国と同じ立場に立って異民族を排除・差別する教団であってはならないと大谷派教団の構成員に対して訴えたのである。そこには、思想遍歴を重ねながらも、朝野が生涯、抱き続けた理想、「民族の違い」を超えて人間としての普遍性を求める思いが込められている。大谷派僧侶となり、日本国籍を取得しながら、朝鮮人であることを放棄しなかった朝野は、仏教のなかに、そして部落解放運動のなかに民族を超えた「人間性の原理」を求め続けたのである。

付記　本稿は、『部落解放』第六六九号(二〇一二年一一月)に掲載された拙稿「部落解放運動に献身した朝鮮人仏教者―朝野温知(李壽龍)の歩み」に大幅な加筆・修正を施したものである。

参考文献

朝野温知『佛道に生きる』佛教思想普及協会、一九四一年
朝野温知「私の履歴書」（全二回）『部落』第一九巻第五号・第六号、一九六七年四月・五月
朝野温知「在日朝鮮人と部落解放運動の連帯について」（『部落解放』第五一号、一九七四年二月）
朝野温知『宗教に差別のない世界を求めて─朝野温知遺稿集』上・下、東本願寺出版部、一九八八年
韓丘庸「異境の水平運動─朝野温知さん」（部落問題研究所編『水平運動の無名戦士』部落問題研究所出版部、一九七三年）
谷口勝巳『近江の被差別部落史』滋賀県同和問題研究所、一九八八年
三浦耕吉郎「「よそ者」としての解放運動」（『リリアンス研究紀要 解放研究しが』第六号、反差別国際連帯解放研究所しが、一九九六年）
三原容子「水平社運動における「アナ派」について（続）」（世界人権問題研究センター『研究紀要』第三号、一九九八年三月）
真宗大谷派解放運動推進本部編『〈人権週間ギャラリー展パンフレット〉大谷派における解放運動の歴史と課題Ⅱ 朝野温知（李壽龍）─宗教に差別のない世界を求めて』二〇〇九年
公益財団法人滋賀県人権センター編刊『滋賀の同和事業史』、二〇一二年

竹内好——普遍的人権の希求

たけうち よしみ（一九一〇〜一九七七）

黒川みどり

一 「沖縄から部落まで」

竹内好は、日本が戦前に行った中国侵略という事実に向き合うことを原点としながら、日本人の中国認識を問い、中国との国交回復と真の「戦争終結」を求め続けた知識人であった。その際に竹内がしばしば拠《よ》り所としたのが中国の文学者魯迅《ろじん》であり、竹内は魯迅の研究者・翻訳者として広く知られている。

「なぜ中国を勉強するのか」、「それは一口でいうと、それは結局弱い者への共感ということになる」。「侵略戦争であるというような規定からくる痛みよりももっとちがうもの、弱い者いじめであることがいやなんです。自分もそういう位置にいるということがね」（「文学

反抗 革命」一九六九年一月、『状況的＝竹内好対談集』）という竹内は、実はほとんど知られてこなかったが、ある時期から部落問題にも積極的にかかわった知識人の一人であった。

竹内が部落問題に言及するようになったきっかけは、一九五七年一月、群馬県相馬が原米軍演習場に空薬莢《からやっきょう》を拾いに来ていた被差別部落（部落）の女性が米兵に射殺されたジラード事件であった。日々の生活の糧《かて》を得るために危険を冒して演習場に入った者に銃を向けた米軍兵士に竹内が重ねたのは、沖縄に無関心な本土の住民の姿であった。竹内はこのように述べて、沖縄と部落の問題をつなげて考えようとしていたのである。

沖縄の問題とは何か。一口にいうと、軍事基地の問題と封建遺制の問題とがからみ合っている問題、ということである。これこそ日本の思想が取り組むべき当の問題ではないか。一方ではジラード事件や砂川事件につながる極と、一方では部落問題（『週刊朝日』が何度か取りあげた）につながる極とを沖縄は同時にふくんでいる。（中略）その沖縄がいま転機にさしかかっているのは、日本全土の転機の先触れではないかと思う。（「五つの思想的事件」一九五七年一二月二三日）

こうして沖縄の問題に端を発して部落問題に目を向けはじめた竹内が、谷口修太郎の勧

竹内好

誘により、部落問題に一歩踏み込んで部落問題研究所の機関誌『部落』に書いたのが「沖縄から部落まで」（一九五九年一月）であった。谷口は、一九二三年に岡山県勝田郡美作町（現在は津山市）で生まれ、一九五七年から朝田善之助の推薦で京都にある部落問題研究所の専任研究員、雑誌『部落』編集を担当、六九年からは部落解放同盟に拠点を移して書記局に入り『解放新聞』の編集を担当し、また中央執行委員になって運動の中枢を担ってきた人物であった（『解放新聞』第四四四号、一九六九年三月一五日、および「谷口修太郎さん略年譜」『谷口修太郎さんを偲ぶ』）。

それから間もない一九六〇年六月、竹内は部落問題研究所の評議員となった。

竹内は、「部落問題が特殊な問題ではなく、一般的問題の尖鋭なあらわれであり、日本の問題を考える上にどうしても抜かしてはならぬカナメの部分、あるいは、その上に立つことによって全体の眺望がつかめる根本的な観点であるということに、次第に気づき出した。おそまきだが、これから部落問題を勉強しようと思っている」との決意を表明し、「私の場合、部落問題は沖縄問題と関連している。どちらもおなじくらい大切である」と述べている（前掲「沖縄から部落まで」）。問題をマルクス主義に依拠して構造的な矛盾として位置づけるか、さもなくば往々にして自己が向き合う個別の問題への心情的な共感にとどまりがちであったなかで、竹内がすでに「一般的問題」「日本の問題」、すなわち普遍的な人権の問題としてとらえていたことは注目されてよいだろう。

それにとどまらず竹内は、慎重に憶測とことわりつつ、「いわゆる部落問題、つまり未解放部落の問題は、問題性において尖鋭ではあるが、問題の性質は一般部落と同質であり、その差は量的なものではないだろうか」と問いかけた。さらにこのようにもいう。

部落問題は、それだけ切り離して特殊化されすぎる傾向があったのではないか。これは部落の苦渋がどんなに深いかを示すもので、同情には価するが、解決のための正しい認識を一方ではせばめる弱点にもなっているのではないだろうか。かりに部落の差別が異質だとしても、それは一般の差別、たとえば男と女、長男と次男・三男、上役と下役、都市と農村の間の差別に乗っかり、拡大されているので、もし、一般的差別がへれば、それだけ縮小する性質のものではないだろうか。そうでなければ未解放部落が絶えず拡大する理由が説明つかない。（前掲「沖縄から部落まで」）

部落問題こそが人権問題の中軸をなすということを部落解放運動が強調し、国の施策を引き出すことに専心していた状況下にあって、勇気ある提言ともいうべきであろう。竹内が言いたいのは、「部落問題は、日本のいちばん深いところに根ざしている。そこに全問題が集約されている」からこそ、「全部に共通する構造」としてとらえなければならないということであった。

「基本的人権と近代思想」（一九六〇年一二月）のなかでも竹内は、「日本社会の性質、日本の思想の特徴」をつかむ際の「その急所」が部落と沖縄であることを強調し、次のようにいう。

われわれは実際、いろいろの差別の中におります。（中略）基本的人権は国民の規模においてまだ実現しておりません。なかんずく、部落の差別はその最たるものでありますが、これは、未解放部落の人々が差別を受けるというだけでなしに、差別を与えている人間は差別しているということで彼ら自身が差別の中にいるのであります。しかも悪いことに、自分が差別しているという自覚がない、あるいは、差別という事実の存在していることを知らない、これがじつは最大の差別であり、人権の欠如であります。

そしてその、「差別の中にいて、差別のあることを知らない」ことの一つの例として、「「特殊部落」ということばの不用意な使い方」をあげ、「使う方は平気だが、きく方にはたまらない気持をおこさせるのだが、ことばを職業にしている文学者の多数が、そのことに気づいていていないということ」の重大性を示唆し、差別に対する無知・無関心も差別をすることと同罪であることを指摘している。今から六〇年以上も前のことである。

一つは、竹内は、日中戦争下に中国の民衆を前にして、「支那」と「中国」の呼称の問題を切り口に中国と向き合ってきたことが、彼をしていち早くそうした地点にたどり着かせたのではなかろうか。竹内が、「支那というのは、われわれは軽蔑するつもりじゃないといいましても、相手がそう受け取った事実は認めなければいけない。相手の身になってみなければいけない。さっきの「特殊部落」と同様であります」と述べる。

二 「人間の解放」をめざして

それからしばらく竹内が部落問題を論じることはなかったが、安保闘争後に毎年書き継いでいた「六〇年代・七年目最終報告」（一九六七年一月二三日）のなかで、「戦後はマイナスになった」一つの要因として、京都の文化厚生会館事件に象徴されるような部落解放運動内部の対立・分裂が生じたことにふれ、「去年（一九六六年—引用者）一月の部落問題研究所の紛争このかた、文化団体が相ついで我おくれじと分裂するさまは、見るに堪えないものがある」と記しており、部落問題研究所会員を辞めたのはそれから間もない一九六六年三月のことであった。文化厚生会館事件は、部落解放同盟京都府連合会内部の朝田善之助派と三木一平派の対立が先鋭化したもので、背景には部落解放同盟と日本共産党の対立があった。

そうした対立を目のあたりにした竹内の無念の様子は、竹内が「文字通り深憂の悲しみを浮べて」どうにかならぬかと相談に来たという、英文学者中野好夫の回想からもうかがい知れる（中野好夫「片端につながる一人として」一九八〇年九月）。それは、谷口がいうように、「まさしく竹内好にとって部落解放運動は人ごとではなかったということである」（谷口修太郎「竹内好と部落解放運動」一九八一年一〇月）。

竹内はいう。「正統を名のる分派と、正統を名のらないが正統をもって任ずる分派とが角つき合わせて、声明合戦をやる。そしてこの分裂は、連鎖反応をおこして、いまなお止まるところを知らない。（中略）たぶん、この病原は平和運動の団体にあったのだろうが、あれから数年、ほとんどすべての団体に感染した」。さらに、このようにも述べる。「「戦後」

革命によって確認されたと思われていた組織原則、および文化自律の法則が、いとも容易に崩れ去ったことによって、これまた空中楼閣であったことが知らされた。自主的組織のごとく見えたものが、じつは天皇制下のコップ組織から一歩も出ていなかったことが白日のもとに曝露されたわけだ」と。竹内は、分裂も場合によっては成長のために不可避であることを認めながらも、「政治勢力のもとに文化運動が系列化され、その他動的なご都合主義によって流行現象として分裂がおこるようでは、これはもう信用できない」といい、「それが公的事項なら、私はますます「私」の殻にとじこもるほかない」というのであった（前掲「六〇年代・七年目最終報告」）。

竹内が部落問題研究所を離れたあとも、彼を部落問題につなぎ止める役割を果たしたのが谷口であった。谷口は、「「竹内好と部落解放運動」については必ずしも明確になっているとはいえない」ことを指摘し、しかしながら「事実として部落解放運動と竹内好は、きわめてふかいかかわりをもっていた。人間の解放を根柢にすえた竹内好の仕事は、部落差別とかかわるのは必然でもあった。魯迅をとおして民衆とは何か人間とは何かを考えつづけた思想家として、差別と迫害のなかに生きている部落の人びとをさけてとおることはできないということである」と述べている（前掲「竹内好と部落解放運動」）。

谷口は、「日本の社会の問題、日本の文化の問題、ひいては文明観を考える上に、部落問題は絶対にはずしてはならぬ視点」であり、自身にとって部落問題とは「学問研究の一つの特殊分野なのではなく、あらゆる学問分野をつらぬく普遍的な課題であり、そこでの学問の真理性がテストされる場の重みをもつ存在である」と竹内が述べている点を高く評価する。そして竹内は、出会いの頃谷口に、部落解放運動の「文明論への指向の不十分さと、みなが自由に議論できる場の保障、その上に立たなければならぬこと」を厳しく指摘したという。

まさに竹内の常日頃の主張と合致するところであり、その指摘が一部実を結んで部落解放研究全国集会が発足したといい（谷口修太郎「謹んでわが師竹内好先生を弔う」『展望』一九七七年五月）、一九六七年五月二七〜二九日、大阪府の高槻市民会館において、第一回部落解放研究全国集会が開催された。

竹内はこの部落解放研究全国集会の少なくとも第二回大会には出席しており、その頃から兵庫部落解放研究会をつうじて竹内とつながりのあった福地幸造の回想によれば、「「学習にきたのだから」と、終始、黙って聞いてい」て、「青年教師たちとの暖かい交流をつくってくれていた」という。この頃すでに、兵庫を拠点に解放教育運動を進めていた福地や西田秀秋らとの親交も芽ばえていた（福地幸造「断片的に―竹内好との交渉」『思想の科学』第九一号、一九七八年五月）。

いったんは部落問題研究所の会員を辞めた竹内が、そのあとも部落問題に積極的にかかわっているのは、谷口の存在やこうした福地らとの交流があったことも大きいにちがいないが、それに加えて、谷川雁による差別発言事件があったことがあげられよう。竹内が研究所を退いたのはこの事件の直後のことであり、この事件が竹内を失望させ部落問題からいったんは遠ざける要因になったとも考えられるが、そのような事件を放置できないがゆえに結局部落問題にかかわり続けることになったといえるのではなかろうか。

竹内はこの問題に、中国をめぐる呼称の問題をとっかかりにして、「かつての「支那」がもっていた侮蔑にかえて、「中共」は恐怖感を伴っている」ことを指摘する（「十二 志那から中共へ」一九六四年一一月）なかで、「このことは中国についてでなく、もっと身近なところで考えた方がよいかもしれない。そして類推を中国へ及ぼすのがよい」として、「在日朝鮮人の問題や、部落問題」をあげる。そして部落問題について、谷川雁が「たまたま「特殊部落」という語を筆にした」のを「解放運動の人が非難して」谷川との間に論争が起こったという一件を取り上げている。

竹内の見るところ、谷川は「主観的には善意だった」が、「非難されると強引に居直」り、「問題は名称ではなくて、差別の存在そのものになるのだ」という論法をとったといい、それについて竹内はいう。

「エタ」が「新平民」に変り「水平社」に変り「特殊部落」に変り「未解放部落」に変ったが、部落差別の実態は変らなかった。これは事実である。この事実を認めた上で、しかし、名称の変遷の裏には無限の苦闘と無限の涙があることを認めねばなるまい。私は、谷川さんの主張と、同和教育の立場から谷川さんの発言をとがめた人（たしか東条高志さんだった）の主張とが、立場が逆になるのが望ましいと思う。解放運動は物に固執し、外にいる人間は名に固執するのがよい。つまり、双方に惻隠の情があったほうがよい。（「十八　名を正さんかな」一九六五年六月）

彼にとって、部落問題や在日朝鮮人の問題を「知る」ことは「中国を知る」ことと相即であり、どちらが手段で目的というのでもなかった。竹内は、「名」だけにこだわることと「名」を軽視することは問題を「知らない」ことの裏表であることを熟知しているがゆえに、丁寧すぎるまでに説得を重ねるのであった。また、竹内の被抑圧者・被差別者への関心は、「民族」の問題にも接続し、ひいては「日本」という国民国家への問いにもつながっていった。

民族政策のことは、別の機会に考えてみたい。ただ中国が多民族国家であること、その意義が教育を手段として徹底化されつつあることは、中国問題を考える際に非常に重要だということだけはここに強調しておきたい。日本ではこの観点はとくに忘れられやすい。しかし、日本ははたして単一民族国家なのか。在日朝鮮人を少数民族と考えることはできないのか。もしそれが可能なら、〈日本語〉という言い方にも、広義と狭義の二つが当然あるべきだ。今ではほとんど死語になってしまったので、例に出すのはまずいが、アイヌ語と区別する意味で日本語を何とかよぶ言い方なり使い方なりが過去にあったろうか。あったなら教わりたい。もしあればそれが中国における〈漢語〉と同列だと考えていいだろう。北ではアイヌ語、南では琉球方言、それに朝鮮語、この三者と狭義の日本語の関係はどうなっているのだろう。そんなことを考えてみるのも、民族問題の理解に役立つかもしれない、いや、「中国を知るために」役立つにちがいない。(「二十六個と人」一九六六年四月)

一九六九年五月一三日から一五日に岡山市で行われた第三回部落解放研究全国集会岡山大会では、竹内が、「人間の解放と部落解放運動」(一九六九年五月)と題して、初日の全体会での一時間の記念講演を行っている。谷口が中央執行委員となり教宣部長に就任したことが、それを可能にした要因でもあろう。部落解放同盟中央本部機関紙『解放新聞』は、「ジャーナリズムでひんぱんにおきている差別事件をふまえながら、朝鮮問題、中国問題をつうじて差別思想を鋭く追及する話をされた」と伝えている。折から部落解放運動は、同和対策事業特別措置法制定を目前にして高揚しており、岡山県立体育館に一万人が集う熱気のこもった集会となったという（『解放新聞』第四五一号、一九六九年五月二五日）。

しかし、特別措置法がこれからようやく制定されるという段階の厳しい貧困と差別の状況下にあって、竹内のいわんとする普遍的な視点からの提言は、運動の戦闘性を追求する人びとには、いくらか生ぬるいものに思えたかもしれない。竹内はその講演のなかで、現行の部落解放運動を見つめつつ、部落問題のありように対して二つのことを投げかけたのではないか。一つは、社会の側の認識と啓蒙《けいもう》の問題についてである。以下のようにいう。

部落解放同盟はこういう（学術雑誌で起こった差別問題をさす—引用者）差別、ことばによる差別も含めてあらゆる差別事件に対して抗議をいたします。（中略）同盟はその運動方針にしたがって重点的に糾弾をやっているのだと思います。しかし私たちの立場から見ますと、それによって知らない事実を知らされる、つまり啓蒙されるわけでありまして、同盟の糾弾闘争にはいわば啓蒙運動としての側面があると申せましょう。それはたいへんけっこうなことだと私は思う。部落解放同盟は人間解放のための闘争の組織である。

その組織が、本来の任務のほかにわれわれの無知を啓蒙するという、いわば副業までを背負い込まなければならないのは同盟にも気の毒だし、われわれとしても恥ずかしいことである。差別からの解放を理念的には考えていながら、現実におこる差別を見すごしてしまう自分のよわさ、いや差別に反対し、解放を口にしながら差別をおかす人は、その間違い、よわさをどうやって克服し、真に解放の側に立つ人間になりうるのか、そのためにどうしたらよいのかという、私自身の反省であります。知らぬことで差別者に転落していく、それをどうやってふせぐのかです。

当時の部落解放同盟のなかには、差別意識を問題にすることは差別の構造から目を背け、部落問題を意識の次元に矮小化《わいしょうか》することだとする空気は濃厚にあり、そのなかにあって、竹内の主張も人びとの心に落ちにくかった可能性は大いにあろう。

もう一つは、他の差別問題とのかかわりである。

部落の差別という問題について、解放同盟は真剣に取り組んでいる。そのことをわれわれは尊敬してやまない。けれどもおそらく差別というものは、部落固有の差別と同時に、ほかの差別とつながる一般性をもった差別というものが組み合わさっているに違いない。もう一歩進めて言いますと、私は部落差別が差別の一番根本にあって、その構造にのっかっていろんな差別が発生するんじゃないかという感じがしているんです。もっとも研究が足りないから、気がするだけで、自信をもってはいえません。ただ、もし共通なものがあるならば、その共通のものを、固有のものとの関係を断ち切らないで、しかし共通性としてとり出すことはいいんじゃないかと思うんです。（中略）だけどもそうでない形で、一般的なものと固有のものとを関連させながら分けて考えることは可能だろう。またそれは問題解決にとって有効ではないかという気がするんです。

まさに「朝鮮、中国というわれわれが過去に侵略することによって差別感、侮蔑感を育ててきた相手方、しかもそのために私たち自身が人間性をゆがめてしまっているような問題」と向き合い続けてきた竹内は、ある総合雑誌に「特殊部落」ということばが用いられた「不用意にもとづく差別用語の問題」にもふれ、自らもまたその雑誌を目にしていながら、「かりに竹内という活字であれば、たとえ同姓異人でもどんなに隠れていても飛び込んでくるはず」であるのにそうならなかった自分を省み、朝鮮・韓国人に対する差別も視野に入れながら次のように述べる。

壁がある。収容所の場合は眼に見える形である。部落差別の場合は眼に見えない形である。その点だけは違うでしょう。けれどもどちらも壁があるという点では同じ。（中略）では、どうしたらその壁をこわせるか。そのためにはまず、壁があるんだということを認識しなきゃいけない。

部落解放同盟は、一九八〇年代から反差別国際連帯を掲げ、また他のマイノリティとの連帯を積極的に追求していくが、先にも述べたように、まずは同和対策事業実施を勝ち取り自らの生活水準を向上させ、部落を取り巻く厳しい状況と闘うことが先決だった状況下にあっては、竹内の提言は首肯しうるものではあっても、運動の戦術に取り入れられるものではなかったのであろう。竹内のこうした働きかけが、部落解放運動史ないしは部落問題史のなかに足跡を留めていないのはそうしたことの証左ではなかろうか。

彼は、その後も部落解放研究全国集会にかかわりを持ち続け、また一九六九年六月六日には、自ら「差別を考える会」を主催した。竹内の書いたその会の「呼びかけ」は、当該時期に起こった言論界の差別事件をあげ、「人間の解放を目標として言論活動、研究活動をおこなっている当の団体が、不用意に差別用語を使用し、しかも部落解放同盟から抗議されるまでにそのことに気がつかなかったという点は重大であります。私たち言論人は、この問題について共同責任を負うべきではないでしょうか」と問うている。そしてかく述べる。「たぶん部落問題は、沖縄や、被爆者や、離農者や、朝鮮人や、中国人や、その他もろもろの差別の発生源の中心にあり、いちばん深いところに根ざしている日本社会の構造的要因と考えてよいかと思います。しかし私たちはそのことを十分に認識しておりません。その至らなさを見せつけられたのが今回の事件であります。われわれの内部に、差別意識が潜在していればこそ、差別事件がおこり、しかも見過ごされたとしか思えません」。竹内が求めるのは、「言論人の共同責任」としてこの問題を取り上げ、「回避するのでなしに、正面から受けとめて、真剣に考え」「われわれ自身の自己改造」とすることであった（「「差別を考える会」の呼びかけ」一九六九年五月二八日）。

当日は、駿河台の雑誌会館に三十数人が集まったが、谷口によれば、「差別事件をおこした当事者」の多くは沈黙をまもり発言した者も「差別する意図はなかった」という言い訳に終わり、その会は、竹内が提起した「部落差別を自分の問題として考える」ということのむつかしさを象徴するものであった。しかしそれは、「つぎつぎにおこってくる言論・出版をめぐっての数多くの差別と、それを言論人として自らの問題として受けとめたい」という竹内の「ながい間の部落解放運動に心をよせていたことの一つの集約」によるものに他ならなかった（谷口前掲「竹内好と部落解放運動」）。

三　道をつくる―永久革命としての人権

竹内は、講演者として招かれた岡山の部落解放研究全国集会に終わらず、それ以後毎年行われるそれに、福岡、大阪、広島と三回にわたり「まさしく身ぜにをきって」参加した。それは、竹内がかねてから「インテリ論」などで追究してきた知識人のありようの身を持ってのふるまいであったというに尽きよう。竹内は、一九七五年八月八日に行われた兵庫部落解放同盟研究集会にも出席し、来賓として挨拶をしており、竹内と部落解放同盟の関係は晩年近くまで細々とではあれ続いていたことがうかがわれる。また、福地によれば、一九七六年一二月四〜六日に神戸市で行われた全国同和教育研究協議会第二八回大会の前夜祭の記念講演の承諾を得ていた。しかし竹内が病に倒れたという知らせを聞き急遽自宅に見舞ったところ、「講演は、何年か前からの約束だからやる」といいそれを頼りにしていたがままならなかった（前掲「断片的に―竹内好との交渉」）。

竹内は、ある座談会で話が終戦のときの思い出になり、同席の丸山真男が、「たまたま新聞でポツダム宣言をよみ、何年ぶりかに「基本的人権」ということばにぶつかって、胸をワクワクさせた」と語ったのに対し、「そのときの印象をハッキリ思いうかべることができなかったし、まして「基本的人権」ということばから何ほどのショックも受けなかった。漫然とよみ過してしまった」自分を省みつつこのように述べる。「しかし、日本国民全体としては、丸山氏のような例は少くて、私のような例が圧倒的に多かったのではないかと思う。私の周囲の兵隊たちは、民主主義ということばさえ知らなかった。兵隊ばかりか、将校でさえ知らなかった」のであり、戦後はこうした状況は一変したともいえるが、「しかし、それなら手放しで安心できるかというと、どうも私にはそう思えない。私自身にしてからが、人権感覚を十分に身につけたという確信はまだもてない。人権感覚を身につけるとは、それが奪われたとき、奪われそうになったとき、防禦の姿勢が本能的にとれるということだろう」と。そしていう。「人権はやはり、自力でたたかい取るべきものであろう。そのたたかい取る過程で、人権感覚もおのずから身につくのだろう」（「人権感覚ということ」一九五七年四月）。竹内もまた、人権の問題は永久革命だという認識を持っていたのである。

竹内は、自身が魯迅に向き合ってきたのは「近代化の質の問題、ひいては近代のあとに何がくるかの問題」を考える手がかりを得るためであるといい（「解説」『魯迅文集』第一巻、筑摩書房、一九七六年）、魯迅の「奴隷として、主人にかわいがられる奴隷は、自分が主人になると、自分の使っている奴隷を酷使する」ということばを紹介している（前掲「基本的人権と近代思想」）。また、奈良県同和教育研究会が発行する同和教育の副読本『なかま』にも、

「もともと地上には、道はない」と題して魯迅の作品「故郷」をあげ、「魯迅は、道ということを深く考えた人です。道は人がつくるものである。だれかが歩かなくては道はできない。そう考えて、考えたばかりでなく、たいへんな勇気をふるって実行に進み出た人なのです」と述べている（『なかま 中学校用』一九六一年）。このように、竹内においては、「道をつくる」すなわち自らを取り巻く社会の変革に向き合い続けていくことを求めており、それは部落問題についていえば、差別を自覚し、それを改めていく態度に他ならなかった。そして竹内は、自ら京都や生まれ故郷の長野県臼田を訪れた際には部落を歩き、また部落解放研究全国集会にも一参加者として足を運んだのである。

なぜ「非部落民」が部落問題に向き合うのか。竹内が格闘した道がそのことを余すところなく伝えてくれている。

参考文献

黒川みどり・山田智『評伝 竹内好―その思想と生涯』有志舎、二〇二〇年
竹内好『状況的＝竹内好対談集』合同出版、一九七〇年
竹内好『竹内好全集』全一七巻、筑摩書房、一九八〇〜八二年
「谷口修太郎さんを偲ぶ」編集委員会編集刊行委員会編刊『谷口修太郎さんを偲ぶ』二〇〇六年

編集を終えて——普遍的人権を求めて

黒川みどり

もとより「非部落民」なるものが、アプリオリに存在するわけではない。そもそも「解放令」以後の近代における被差別部落民は、社会がつくり出してきたものである。それゆえ「部落民」と「非部落民」の境界は、しばしば変更が加えられてきた。

それを前提としたうえで本書のようなテーマで考察することの意義は、「部落民」を自認していない者——少なくとも本書で取り上げた人びとは「非部落民」という自己認識であったといってよいだろう——が、「他者」にどのように向き合ったかを問うことにある。その動機や向き合い方は、国体を護《まも》る必要上からであったり、同情の域を出なかったりなど、実にさまざまである。それらのありようをとおして、普遍的人権を追求することこそが私の意図するところである。そのためには、「「部落民」の部落問題」も、それを自明のこととして終わるのではなく、他の被差別民の問題とのかかわり方が問われることにもなろう。

本書がその出発点となれば、幸いに思う。

編集を終えて——マジョリティ問題としての部落問題

内田龍史

マジョリティ（社会的多数者・支配集団）からすると、マイノリティ（社会的少数者）の存在は、見ようとしなければ見えない。また、見えていたとしても、自分たちとは違う変な人たち、という印象を持ちがちである。マジョリティが、自分と同じような知識・経験・感情・価値観を皆が持っていることを「あたりまえ」だと考えているかぎり、そうではないと見なされたマイノリティは、「あたりまえ」ではない理解不能な人びととして認識される。

マジョリティと同じような知識・経験・感情・価値観をマイノリティが持てないことを、マイノリティの能力不足・努力不足と見なして、マジョリティが、遠ざけ、見下し、仲間はずれにする、あるいは「いる」のに「いない」ことにすることがある。そうした言動は、すべての人が人間として平等に扱われ、尊重されるべきとする人権概念に照らし合わせると、差別以外のなにものでもない。

他方でマイノリティは、マジョリティとのであいを重ねることで、これまでの自分の経験・感情・価値観が「あたりまえ」ではないことを思い知らされる。さらに、自分とマジョリティとの違いが知られると差別を受ける可能性があることから、自分のことを他者に知られることを恐れ、伝える（カミングアウトする）ことを躊躇《ちゅうちょ》させられる。そのため、マジョリティにマイノリティの経験が認識されず、「ある」のに「ない」、「いる」のに「いない」ことにされがちな社会構造が維持される。マジョリティがそうした状況を認識するためには、マイノリティからの差別の「告発」が不可欠となる。

差別は、人間が何らかの望ましい価値観を共有する集団を形成して生きていくかぎり、発生するものだ。ただし、マイノリティからの差別の「告発」によって、マジョリティが差別を差別として認識し、なくしていくべきだと行動することによって、人権がより実質的に実現される社会に改善されてきたことも事実である。

筆者は、被差別部落の人びとを、日本社会における典型的なマイノリティだと考えている。上述したようなマジョリティ・マイノリティ間の問題として部落問題をとらえると、部落問題は「部落の問題」ではなく、部落差別を生み出す社会の仕組みの問題であり、その解決の責任はマジョリティにある。部落民に対するさまざまな困難を押しつける社会の仕組みを形成してきたのはマジョリティである。また、部落民がいくら部落差別を告発し、部落解放運動を進めても、マイノリティ＝部落民のみで社会変革を実現させることは不可能である。ゆえに、マジョリティ＝非部落民による部落差別撤廃のための行動は不可欠である。

本書は、部落民・部落問題とであい、その告発を受けとめ、部落差別の撤廃、部落問題の解決の主体として自覚した非部落民の人物像を描いたものである。本書が、「マジョリティ問題としての部落問題」という認識を少しでもうながすことができれば、幸いである。

井岡康時（いおか・やすとき）
1954年生まれ。奈良県立高等学校教諭、奈良県立同和問題関係史料センター勤務を経て、現在奈良大学文学部史学科教授。近著に『滋賀の同和事業史』（滋賀県人権センター、2021年）、「そして村になる―大和国添下郡六条新村の形成と展開」（『奈良史学』第38号、2021年）などがある。

藤野 豊（ふじの・ゆたか）
1952年横浜市生まれ。専攻は日本近現代史。現在、敬和学園大学人文社会科学研究所長。

関 儀久（せき・よしひさ）
1977年生まれ。九州大学大学院人間環境学府発達・社会システム専攻博士後期課程単位取得満期退学。福岡県中学校教諭。公益社団法人福岡県人権研究所理事。著書に『感染症と部落問題―近代都市のコレラ体験』（福岡県人権研究所、2022年）がある。

川村善二郎（かわむら・ぜんじろう）
神奈川部落史研究会会長。共著に『戦後史ノート』（日本放送出版協会、1976年）、『広島県・被差別部落の歴史』（亜紀書房、1976年）など。論文に「服部之總と『歴史画報』編集の思い出」（『歴史評論』1979年5月）、「東京の社会教育でも同和教育にとりくもう」（『月刊社会教育』1983年8月）、「社会教育における市民の歴史学習を巡って」（『月刊社会教育』2020年8月）などがある。

吉田文茂（よしだ・ふみよし）
高知近代史研究会副会長。著書に『透徹した人道主義者 岡崎精郎』（和田書房、2008年）、共著に高知県部落史研究会編『高知の部落史』（解放出版社、2017年）、村越良子・吉田文茂『教科書をタダにした闘い―高知県長浜の教科書無償運動』（解放出版社、2017年）、四国部落史研究協議会編『四国の水平運動』（2022年）などがある。

水野直樹（みずの・なおき）
1950年生まれ。京都大学名誉教授、部落解放・人権研究所朝鮮衡平運動史研究会共同代表。京都大学大学院文学研究科博士課程修了。専門は朝鮮近代史。主な著作に、『生活の中の植民地主義』（編著、人文書院、2004年）、『創氏改名―日本の朝鮮支配の中で』（岩波新書、2008年）、『朝鮮衡平運動史料集』（監修、解放出版社、2016年・2021年）などがある。

編者略歴

朝治 武（あさじ・たけし）
1955年生まれ。大阪人権博物館館長。著書に『水平社の原像』（解放出版社、2001年）、『アジア・太平洋戦争と全国水平社』（解放出版社、2008年）、『差別と反逆―平野小剣の生涯』（筑摩書房、2013年）、『水平社論争の群像』（解放出版社、2018年）、編著に『講座 近現代日本の部落問題』全3巻（解放出版社、2022年）などがある。

黒川みどり（くろかわ・みどり）
静岡大学教授。早稲田大学第一文学部日本史学専攻卒業 博士（文学）。日本近現代史、おもに思想史・部落史。主要著作に、『近代部落史』（平凡社新書、2011年）、『描かれた被差別部落』（岩波書店、2011年）、『差別の日本近現代史』（共著、岩波現代全書、2015年）、『創られた「人種」―部落差別と人種主義』（有志舎、2016年）、『評伝 竹内好―その思想と生涯』（共著、有志舎、2020年）、『被差別部落認識の歴史』（岩波現代文庫、2021年、原著『異化と同化の間』青木書店、1999年）、編著に『講座 近現代日本の部落問題』全3巻（解放出版社、2022年）などがある。

内田龍史（うちだ・りゅうし）
1976年生まれ。大阪市立大学大学院文学研究科後期博士課程修了、博士（文学）。尚絅学院大学講師・准教授・教授を経て、現在、関西大学社会学部教授。専門は社会学。著書に『被差別部落マイノリティのアイデンティティと社会関係』（解放出版社、2020年）、編著に『部落問題と向きあう若者たち』（解放出版社、2014年）、『講座 近現代日本の部落問題』全3巻（解放出版社、2022年）などがある。

執筆者略歴（掲載順）

八箇亮仁（はっか・あきひと）
1947年岡山県岡山市生まれ。全国部落史研究会会員。『奈良の部落史』（奈良市、1983年）に参加。共著『被差別部落と教員』（明石書店、1986年）、『病む社会・国家と被差別部落』（解放出版社、2012年）などがある。

福家崇洋（ふけ・たかひろ）
1977年徳島県生まれ。2007年、京都大学大学院人間・環境学研究科博士後期課程研究指導認定退学。博士（人間・環境学）。京都大学人文科学研究所准教授。

非部落民の部落問題

2022年11月30日　初版１刷発行

編者　朝治 武　黒川みどり　内田龍史
発行　株式会社 解放出版社
大阪市港区波除4-1-37 ＨＲＣビル３階 〒552-0001
電話 06-6581-8542　FAX 06-6581-8552
東京事務所
東京都文京区本郷1-28-36 鳳明ビル102A 〒113-0033
電話 03-5213-4771　FAX 03-5213-4777
ホームページ　https://www.kaihou-s.com/
装丁　上野かおる
印刷　モリモト印刷株式会社

ISBN978-4-7592-1037-8　NDC210　P273　19cm
定価はカバーに表示しています。落丁・乱丁はお取り換えいたします。

障害などの理由で印刷媒体による本書のご利用が困難な方へ

本書の内容を、点訳データ、音読データ、拡大写本データなどに複製することを認めます。ただし、営利を目的とする場合はこのかぎりではありません。

また、本書をご購入いただいた方のうち、障害などのために本書を読めない方に、テキストデータを提供いたします。

ご希望の方は、下記のテキストデータ引換券（コピー不可）を同封し、住所、氏名、メールアドレス、電話番号をご記入のうえ、下記までお申し込みください。メールの添付ファイルでテキストデータを送ります。

なお、データはテキストのみで、写真などは含まれません。

第三者への貸与、配信、ネット上での公開などは著作権法で禁止されていますのでご留意をお願いいたします。

あて先

〒552-0001 大阪市港区波除4-1-37 HRCビル3F 解放出版社

『非部落民の部落問題』テキストデータ係

テキストデータ引換券
『非部落民の部落問題』
1037